D1798425

英語で伝えたいふつうの日本

江口裕之＋スチュウット・ヴァーナム=アットキン

THIS IS ORDINARY JAPANESE LIFE!

Hiroyuki Eguchi, Stuart Varnam-Atkin

＊付属CDはオーディオ機器での使用を前提としています。そのため、パソコンのCD-ROMドライブなどでは、場合により再生・取り込みなどができないことがありますが、ご了承ください。

まえがき

今この本を手に取っていただいた方は、「ふつうの日本」ってどんな日本？　と思われたかもしれません。

私は通訳案内士としての職業柄、日本の伝統文化に関する話をさせていただく機会が多く、それを英語で説明するための本もこれまでにいくつか書かせていただきました。

一方で、外国人からの日本に関する質問には、私たちがよく口にしているもの、普段の生活、日ごろの行い、素顔の日本人など、ごく「ふつうの日本」に関するものも多いのが事実です。

私は光栄にも、2009年4月からNHK教育テレビ（Eテレ）で放送されている英語教育番組『トラッドジャパン』の講師を担当させていただいていますが、番組共演者のStuart Varnam-Atkin（ステュウット・ヴァーナム - アットキン）氏とスタジオ裏でよく話題に上るのも、そういった「ふつうの日本」です。

アットキン氏とは、たびたびお酒を酌み交わしながら、お互いにウンチクを語りあってきましたが、このたび、私たちが考える・感じる「ふつうの日本」を一緒にひとつの本にまとめてみたい、と思ったのが本書『英語で伝えたい　ふつうの日本』の出発点です。

日本文化は、ここ十年ほどの間に、外国でも高い関心を持って見つめられるようになりました。そこでは、外国人にCOOLとして受けが良い「居酒屋」や「B級グルメ」、「日本のトイレ」や「マンガ」、「制服」や「カワイイ文化」などの「ふつうの日本」と、日本の伝統文化は、別物ととらえられていることが多い気がします。

さらに、舞妓や歌舞伎といった伝統芸能や、武道や茶の湯といった精神世界などは高く評価されている一方、日本人の「本音と建前」「謝罪の文化」「先輩後輩の人間関係」などの「ふつう」の側面は、グローバル的な価値観と合わないとして否定的に評価されることが多かったのではないでしょうか。

ところが、アットキン氏と話していて私がいつも感じるのは、伝統文化と「ふつうの日本」はコインの表裏のようなもので、お互いが共通の価値観で固く結ばれているということ。

実際、COOLと評される食べ物、ハイテク、トレンドやポップカルチャーの背景には、それらが醸成されてきた日本独特の文化的価値観があります。

さらに、日本人でさえ否定的に見る傾向が強い建前や、西洋では理解されにくい謝罪も、人間関係を円滑に保つための日本人の知恵の所産であり、また、日本人の複雑な上下関係も、調和を保ち、お互いに協力し合う動機を生み出す、昔ながらの実用的価値観に基づいています。それらを指摘するのは私たちにとって大いに意義があることです。

2011年3月に東北地方を襲った大震災は、世界中で報道されました。その中で目立ったのが、冷静沈着に行動し、お互い助け合い、苦境を乗り越えようとする前向きな姿勢の日本人に対する高い評価でした。

世界は改めて、日本人の文化力の高さ、社会としての成熟度の高さを驚きとともに見つめていたようです。その文化力や成熟度の背後には、きっと私たちの実生活に密着した「ふつうの日本」があるはずです。

本書では、「ふつうの日本」が根底に持つ価値観を、日本の伝統文化と照らし合わせながら、外国人との会話を通じて楽しく描いていきます。そこには、今後、皆さんが自分の言葉で外国人に話したくなるようなネタが満載です。

外国人と軽く一杯やりながら知的な会話を楽しんでいる雰囲気で本書を読んでいただければ、それに勝る幸せはございません。

最後に、本書の出版にあたって、多大なご協力と貴重な助言を数々いただいた、DHC文化事業部の宮川奈美さんにこの場を借りまして御礼申し上げます。

2011年11月

江口裕之

The Little Things

Why do the Japanese form queues that stretch right across station platforms?... Why are there different words for rice in a bowl and rice on a plate?... Why do most Japanese front doors open outwards?

"It's the little things that mean so much" go the lyrics of a popular song first recorded in 1953. Whenever we visit somewhere with customs or behaviour patterns different from those we're used to—and that applies to most countries—it's only natural to start asking the local people trivial questions. The problem is that most little things in daily life are taken for granted, so we don't necessarily get very good answers. Japan has so many interesting little cultural quirks that foreign visitors tend to bombard their hosts with questions:

How do you eat this sticky stuff?... What does that hanging curtain mean?... When do you wear these straw sandals?... Can I put my bag in the tokonoma?... Who invented natto?

'Why?' questions tend to be the most difficult to answer:

Why do you have to take your slippers off before entering a tatami room?... Why do people fill each other's glasses?... Why can't the Japanese say 'no' directly?... Why are light switches often located outside a room?... Why do most Japanese cigarettes have English names?..

I must admit that as an Englishman who has lived in Japan for several decades, I still sometimes ask questions like that, and to some of them I still haven't found satisfactory answers.

I've been trying to recall the questions I asked when I first arrived back in the booming Showa days. I remember wondering why taxi drivers and train guards wear white gloves, why there isn't an indentation at both ends of *shoji* doors, and why chopsticks are used to eat tofu, etc. Yes, I asked lots of trivial questions and people kindly tried to reply.

Well, this book is designed to help you talk in English about some of the little things in ordinary Japanese life that foreigners often ask about. We have written it in a conversational style with comments and opinions from both the foreign side and the Japanese side. We hope it will provide useful practice for whenever you have to deal with real questions about things you take for granted, such as toilet slippers, putting seaweed in soup, *tatemae*, and the fact that 'sake' which foreigners use for *nihonshu* actually refers to any kind of alcohol.

Finally, I should like to say how much I have enjoyed working with Hiroyuki Eguchi, who is truly a walking encyclopaedia on Japanese life and culture. I also sincerely thank Nami Miyagawa for her enthusiastic editorial work and Yoko Toyozaki for providing valuable ideas and suggestions.

Stuart Varnam-Atkin

ちょっとしたこと

どうして日本人は、駅のプラットフォームを横切るような列を作って並ぶのだろう？　どうして茶碗に盛られた飯とお皿に盛られる飯の呼び方が違うのだろう？　どうして日本の家の玄関のドアは、外に向かって開くのだろう？

It's the little things that mean so much（小さなことに大きな意味がある）とは、1953年に初めて収録された有名な曲の一節です。

自分が慣れ親しんだ習慣や振る舞いと異なる場所（たいてい母国以外のほとんどの国のことになるのですが）を訪れるといつも、現地の人たちに取るに足らない質問をし始めてしまうのは、とても自然なことです。ただ、困ったことに、日常生活のほとんどが当たり前となってしまっているため、なかなか的を得た答えに出会えません。日本には、ちょっとした文化的に面白いことが非常にたくさんあり、外国からやって来る人たちは、次のような質問をどんどん投げかけてきます。

このねばねばしたものはどうやって食べるの？　あのぶら下がってる暖簾はどういう意味？　このわらじはいつ履くものですか？　カバンを床の間に置いてもいいの？　納豆は誰が最初に考えたの？

「なぜ？」という質問は、答えが最も難しい質問でもあります。たとえば、こんな質問です。

なぜ畳の部屋に入るとき部屋の外でスリッパを脱がなくちゃいけないの？　なぜお互いにお酌し合うの？　なぜ日本人は率直に「ノー」と言わないの？　なぜ電気のスイッチが部屋の外にあることが多いの？　なぜ日本のたばこには英語の名前が多いの？

正直な話、日本に住んで数十年になるものの、イギリス人の私はいまだにこういった質問をしてしまうことがあります。そして、その中のいくつかには、いまだに満足のいく答えが見つかっていません。

最初に来日した好景気の昭和時代、自分がどんな質問をしていたのか思い起してみると、 なぜタクシーの運転手や電車の車掌が白い手袋をはめているのか、なぜ障子の両端にへこみを付けないのか、なぜ豆腐を食べるのにも箸を使うのか、などと不思議に思ったことが数々思い出されます。そうした取るに足らない質問をたくさん投げかけてきた私に、日本の人々は懸命に答えようとしてくれました。

本書は、外国人がよく質問する日本人の日常生活のちょっとしたことについて、英語で説明する際に役立てていただくことを目的に書いたものです。日本人側と外国人側の両方からのコメントや意見を、会話形式で盛り込んでいます。トイレのスリッパ、汁物に入れるワカメ、建前、そして外国人が日本酒を指して「サケ」と呼んでいるものは、実はアルコール全般を意味するのだ、という話など。当然と思っているさまざまなことについて質問をされたときに、本書が実践に役立つ一冊になることを願っています。

最後に、江口裕之氏と本書の執筆作業をご一緒させていただいた時間はこの上なく楽しい時間でした。江口氏はまさに、日本の生活と文化に関する歩く事典です。また、懸命に編集作業をしてくださった宮川奈美さん、そして貴重なアイデアや進言をくださった豊崎洋子さんにも、心より感謝いたします。

ステュウット・ヴァーナム - アットキン

CONTENTS

もくじ

Doing

Being

ふつうにふるまう

ふつうでいる

記号の説明
W　外国人役の CD ナレーションが女性
M　外国人役の CD ナレーションが男性
WM　両方
（日本人役の CD ナレーションはすべて男性です。詳しくは P14 本書の構成と紹介をご参照ください。）

本書の構成と紹介

本書には計30トピックを掲載しています。
1トピック＝6ページで、下記のように構成されています。
付属CDには、DialogueとUseful Expressions（いずれも英文のみ）を収録しています。

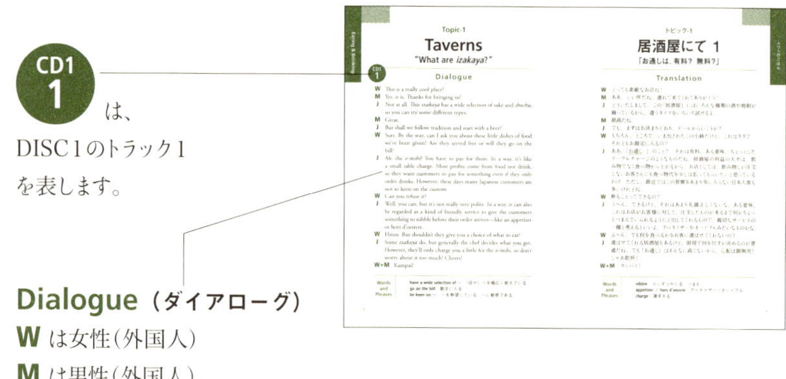

CD1 1 は、
DISC 1のトラック1
を表します。

Dialogue（ダイアローグ）
W は女性（外国人）
M は男性（外国人）
J は男性（日本人）の設定で書かれています。
Dialogue（英文）はCDに収録されています。

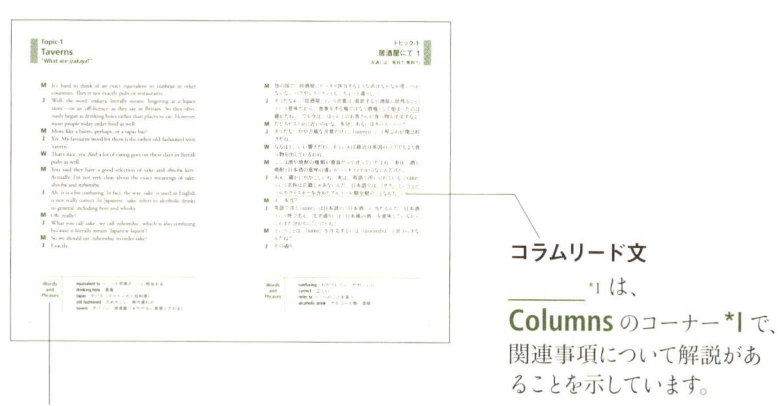

コラムリード文
＿＿＿＿＿[*1] は、
Columns のコーナー ***1** で、
関連事項について解説があることを示しています。

Words and Phrases（単語とフレーズ）
本文に出てくる単語訳などを掲載しています。

Columns（コラム）

トピックテーマに関する事項についてのコラムです。

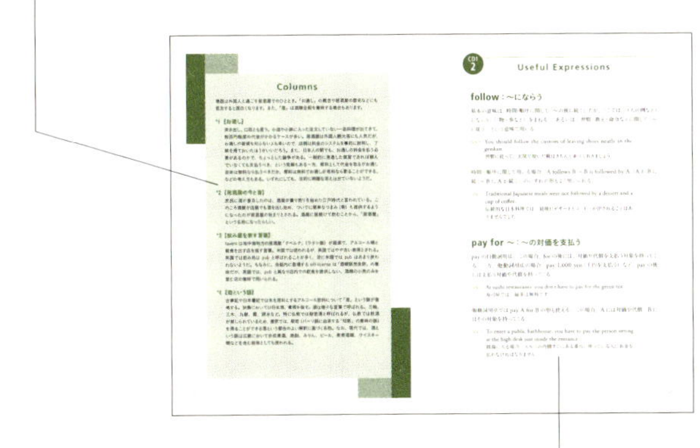

Useful Expressions

Dialogueに出てきた単語・表現などについての解説と例文を紹介しています。
例文（英語）はCDに収録されています。

＊ 本書で使用しているスペルは、基本的にイギリス英語です。

CDについて

本書にはCDが２枚ついています。
各トピックの、DialogueとUseful Expressionsの例文（いずれも英語のみ）を収録しています。

Dialogueの、**W**は女性ナレータ、**M**と**J**は男性ナレータが読み上げています。
いずれも標準的なイギリス英語で収録しています。

DISC 1 … Topic-1～Topic-14のDialogueと
Useful Expressionsの例文を収録（約57分）

DISC 2 … Topic-15～Topic-30のDialogueと
Useful Expressionsを例文を収録（約65分）

ふつうにたべる

Eating & Drinking

Topic-1

Taverns

"What are *izakaya*?"

CD1 1

Dialogue

W This is a really cool place!

M Yes, it is. Thanks for bringing us!

J Not at all. This *izakaya* has a wide selection of sake and *shochu*, so you can try some different types.

M Great.

J But shall we follow tradition and start with a beer?

W Sure. By the way, can I ask you about these little dishes of food we've been given? Are they served free or will they go on the bill?

J Ah, the *o-toshi*? You have to pay for them. In a way, it's like a small table charge. Most profits come from food not drink, so they want customers to pay for something even if they only order drinks. However, these days many Japanese customers are not so keen on the custom.

W Can you refuse it?

J Well, you can, but it's not really very polite. In a way, it can also be regarded as a kind of friendly service to give the customers something to nibble before their order arrives—like an appetizer or hors d'oeuvre.

W Hmm. But shouldn't they give you a choice of what to eat?

J Some *izakaya* do, but generally the chef decides what you get. However, they'll only charge you a little for the *o-toshi*, so don't worry about it too much! Cheers!

W+M Kampai!

Words and Phrases

- □ **have a wide selection of ～**：（店が）～を幅広く揃えている
- □ **go on the bill**：勘定に入る
- □ **be keen on ～**：～を熱望している、～に敏感である

トピック-1

居酒屋にて 1

「お通しは、有料？ 無料？」

Translation

W とっても素敵なお店ね！

M ああ、いい所だね。連れて来てくれてありがとう！

J どういたしまして。この「居酒屋」にはいろんな種類の酒や焼酎が揃っているから、違うタイプをいろいろ試せるよ。

M 最高だね。

J でも、まずはお決まりどおり、ビールからいこうか？

W もちろん。ところで、いま出されたこの小鉢だけど、これはタダ？それともお勘定に入るの？

J ああ、「お通し[*1]」のこと？ それは有料。ある意味、ちょっとしたテーブルチャージのようなものだね。居酒屋の利益の大半は、飲み物でなく食べ物から上がるから、お店としては、飲み物しか注文しないお客さんにも食べ物代を少しは払ってもらいたいと思っているわけ。ただし、最近ではこの習慣をあまり気に入らない日本人客も多いけれどね。

W 断ることってできるの？

J う〜ん、できるけど、それはあまり礼儀正しくないな。ある意味、これはお店がお客様に対して、注文したものが来るまで何かちょっとつまんでいられるようにと出してくれるもので、親切なサービスの一種と考えるといいよ。アペタイザーやオードブルみたいなものかな。

W ふ〜ん。でも何を食べるかをお客に選ばせてくれないの？

J 選ばせてくれる居酒屋もあるけど、厨房で何を出すか決めるのが普通だね。でも「お通し」はそんなに高くないから、心配は御無用！じゃあ乾杯！

W+M カンパイ！

Words and Phrases

- □ **nibble**：少しずつかじる、つまむ
- □ **appetizer ／ hors d'oeuvre**：アペタイザー／オードブル
- □ **charge**：請求する

Topic-1
Taverns
"What are *izakaya*?"

M It's hard to think of an exact equivalent to *izakaya* in other countries. They're not exactly pubs or restaurants...

J Well, the word 'izakaya' literally means 'lingering at a liquor store'—or an 'off-licence' as they say in Britain. So they obviously began as drinking holes rather than places to eat. However, most people today order food as well.

M More like a bistro, perhaps, or a tapas bar?

J Yes. My favourite word for them is the rather old-fashioned term 'tavern'.

W That's nice, yes. And a lot of eating goes on these days in British pubs as well.

M You said they have a good selection of sake and *shochu* here. Actually, I'm not very clear about the exact meanings of sake, *shochu* and *nihonshu*.

J Ah, it is a bit confusing. In fact, the way 'sake' is used in English is not really correct. In Japanese, 'sake' refers to alcoholic drinks in general, including beer and whisky.

M Oh, really?

J What you call 'sake', we call 'nihonshu', which is also confusing because it literally means 'Japanese liquor'!

M So we should use 'nihonshu' to order sake?

J Exactly.

Words and Phrases

- □ **equivalent to** ～：～と同等の、～に相当する
- □ **drinking hole**：酒場
- □ **tapas**：タパス（スペインの小皿料理）
- □ **old-fashioned**：古めかしい、時代遅れの
- □ **tavern**：タバーン、居酒屋（＊やや古い表現とされる）

トピック-1

居酒屋にて 1

「お通しは、有料？ 無料？」

M 他の国で、居酒屋にピッタリ該当するような店はなかなか思いつかないな。パブやレストランとも、ちょっと違うし…。

J そうだなぁ。「居酒屋」という言葉は、直訳すると「酒屋に居残ること」という意味だから、食事をする場ではなく酒場として始まったのは確かだね。[*2] でも今は、ほとんどのお客さんが食べ物も注文するよ。

M むしろビストロに近いのかな、多分。あるいはタパス・バー？

J そうだな。やや古風な言葉だけど、「tavern[*3]」と呼ぶのが僕は好きだね。

W なるほど。いい響きだわ。そういえば最近は英国のパブでもよく食べ物を出しているわね。

M ここは酒や焼酎の種類が豊富だって言っていたよね。実は、酒と焼酎と日本酒の意味の違いがハッキリとわからないんだけど。

J あぁ、確かにややこしいね。実は、英語で用いられている「sake」という名称は正確じゃあないんだ。日本語では、「サケ」というとビールやウイスキーを含めたアルコール類全般のことなんだ。[*4]

M え、本当？

J 英語で言う「sake」は日本語の「日本酒」に当たるんだ。日本酒という呼び名も、文字通りには「日本風の酒」を意味しているから、これまた分かりにくいけどね！

M ということは、「sake」を注文するには「nihonshu」と言うべきなんだね？

J その通り。

Words and Phrases

- □ **confusing**：わかりにくい、ややこしい
- □ **correct**：正しい
- □ **refer to ～**：～のことを言う
- □ **alcoholic drink**：アルコール類、酒類

Columns

場面は外国人と過ごす居酒屋でのひととき。「お通し」の概念や居酒屋の歴史などにも言及すると面白くなります。また、「酒」は酒類全般を意味する場合もあります。

***1【お通し】**

突き出し、口取とも言う。小皿や小鉢に入った注文していない一品料理が出てきて、数百円程度の代金がかかるケースが多い。居酒屋は外国人観光客にも人気だが、お通しの習慣を知らない人も多いので、店側は料金のシステムを事前に説明し、了解を得ておいたほうがいいだろう。また、日本人の間でも、お通しの料金を払う必要があるのかで、ちょっとした論争がある。一般的に浸透した慣習であれば頼んでいなくても支払うべき、という見解もある一方、席料として代金を取るがお通し自体は無料なら払うべきだか、席料は無料でお通しが有料なら断ることができる、などの考え方もある。いずれにしても、法的に明確な答えは出ていないようだ。

***2【居酒屋の今と昔】**

庶民に酒が普及したのは、酒屋が量り売りを始めた江戸時代と言われている。このころ酒屋が店頭でも酒を出し始め、ついでに簡単なつまみ（肴）も提供するようになったのが居酒屋の始まりとされる。酒屋に居続けて飲むことから、「居酒屋」という名称になったらしい。

***3【飲み屋を表す言葉】**

tavern は地中海地方の居酒屋「タベルナ」（ラテン語）が語源で、アルコール類と軽食を出す店を指す言葉。米国では使われるが、英国ではやや古い表現とされる。英国では飲み処は pub と呼ばれることが多く、逆に米国では pub はあまり使われないようだ。ちなみに、会話内に登場する off-license は「酒類販売免許」の意味だが、英国では、pub と異なり店内での飲食を提供しない、酒類の小売のみを営む店の意味で用いられる。

***4【酒という語】**

古事記や日本書紀では米を原料とするアルコール飲料について「酒」という語が登場する。狭義においては日本酒、清酒を指す。酒は様々な言葉で呼ばれる。三輪、三木、九献、霞、硯水など。特に仏教では般若湯と呼ばれるが、仏教では飲酒が禁じられているため、僧家では、般若（パーリ語に由来する「知恵」の意味の語）を得ることができる湯という都合のよい解釈に基づく名称。なお、現代では、酒という語は広義において合成清酒、焼酎、みりん、ビール、果実酒類、ウイスキー類などを含む総称としても使われる。

CD1 2

Useful Expressions

follow：～にならう

基本の意味は、時間･順序に関して「～の後に続く」だが、ここでは、「(人の例など)にならう」「(物・事など) をまねる」、あるいは、習慣・教え・命令などに関して「～に従う」という意味で用いる。

(ex.) You should follow the custom of leaving shoes neatly in the *genkan*.
習慣に従って、玄関で脱いだ靴はきちんと並べておきましょう。

時間・順序に関して用いる場合、A follows B. = B is followed by A. (A が B に続く＝B に A が続く) のいずれの形もよく用いられる。

(ex.) Traditional Japanese meals were not followed by a dessert and a cup of coffee.
伝統的な日本料理では、最後にデザートとコーヒーが出されることはありませんでした。

pay for ～：～の対価を支払う

pay の自動詞用法。この場合、for の後には、対価や代償を支払う対象を持ってくる。一方、他動詞用法の場合、pay 1,000 yen (千円を支払う) など、pay の後には支払う対価や代償を持ってくる。

(ex.) At sushi restaurants, you don't have to pay for the green tea.
寿司屋では、緑茶は無料です。

他動詞用法では pay A for B の形も使える。この場合、A には対価や代償、B にはその対象を持ってくる。

(ex.) To enter a public bathhouse, you have to pay the person sitting at the high desk just inside the entrance.
銭湯に入る場合、入り口の内側すぐにある番台に座っている人にお金を払わなければなりません。

Topic-2

Taverns Pt.2

"What exactly are sake, *shochu* and *nihonshu*?"

CD1 3

Dialogue

J As for the differences between *nihonshu* and *shochu*, well, first of all, *shochu* is distilled, not just fermented like *nihonshu*. And although *nihonshu* is made solely from rice, *shochu* can be made from various ingredients, including sweet potatoes, sugar cane, barley and buckwheat.

M I see, so it's more like gin or vodka?

J Yes, and it's often drunk with a mixer. A popular way is called 'chu-hai'.

W What's that?

J It's simply *shochu* and soda. The 'hai' comes from 'highball', and drinks with *shochu* as the base are generally called 'something-hai', such as *oolong-hai*, and *lemon-hai*.

W So they use oolong tea and lemon juice?

J Right.

M I know there are various grades of *nihonshu*. How about *shochu*?

J There are basically two types. One is made through continuous distillation. It's close to pure alcohol and is good for cocktails. The other is made through single distillation and retains the flavour of the ingredient. It's usually more expensive and is drunk mixed with ice and water or hot water.

M And how is *nihonshu* graded?

Words and Phrases

- ☐ **distilled**：蒸留された
- ☐ **fermented**：醸造された
- ☐ **ingredient**：材料、原料
- ☐ **sweet potato**：サツマイモ
- ☐ **sugar cane**：サトウキビ
- ☐ **barley**：大麦

トピック-2

居酒屋にて 2

「日本酒と焼酎の違いを教えて！」

Translation

J 日本酒と焼酎の違いだけど、まず焼酎は、日本酒のように醸造しただけのお酒ではなくて、さらに蒸留したものなんだ。あと、日本酒は米からしか造られない[*1]けれど、焼酎は、サツマイモ、サトウキビ、大麦や蕎麦など、さまざまな原材料から造ることができるんだよ。

M なるほど。ということは、焼酎はジンやウォッカに近いんだね？

J そうだね。それにたいてい、何かで割って飲むね。よくあるのは「チューハイ」と呼ばれる飲み物かな。

W それは何？

J 焼酎を炭酸で割っただけのものだよ。「ハイ」は「ハイボール」から来ているけど、焼酎ベースの飲み物全般を「何々ハイ」と呼ぶんだ。「ウーロンハイ」、「レモンハイ」といった感じ。

W それって、ウーロン茶やレモンジュースで割っている、ということね？

J そうそう。

M 日本酒にはいろいろな等級があるのは知っているけど、焼酎はどうなんだい？

J 基本的には2種類あるんだ。一つは連続蒸留[*2]で造るもので、純アルコールに近くて、何かで割って飲むのに向いているね。もう一つは単式蒸留[*3]で造られるもので、原材料の風味が残っている。一般的には、こっちの方が値段が高めで、水割りや、お湯割りなどにして飲むことが多いね。

M 日本酒にはどんな等級があるの？

Words and Phrases

- □ **buckwheat**：蕎麦
- □ **mixer**：混ぜるもの
- □ **grade**：等級、グレード
- □ **continuous distillation**：連続蒸留
- □ **single distillation**：単式蒸留

Topic-2
Taverns Pt.2
"What exactly are sake, *shochu* and *nihonshu*?"

J Well, there are three basic types, depending on the rate of rice polishing: super-premium *daiginjo* is made from rice polished up to more than 50 per cent, followed by *ginjo*, 60 per cent, and *hon-jozo*, 70 per cent.

M Why does the rice have to be polished?

J The surface of rice grains contains substances that compromise the taste of the sake; the more they're polished, the higher the quality of the end product.

M I see.

W By the way, why are people at places like this always refilling other people's beer glasses or sake cups?

J Well, it's a nice way to maintain—or establish—good interpersonal relationships. With people you're meeting for the first time, it's a good way to break the ice. When someone fills your glass or cup, you should do the same in return.

W Rather than the way we like to 'nurse' our own drink!

J Right. At *izakaya*, many people share dishes of food as well. That's a nice way to try lots of different items at one meal.

M I must admit the Japanese seem to enjoy letting off steam at *izakaya*.

J Yes. In public, we tend to use *tatemae*—socially expected opinions and behavior—and leave our *honne*—true feelings—unsaid. Drinking sessions are a good opportunity to freely exchange frank opinions.

M Ah, in vino veritas!

Words and Phrases

- □ **polishing**：磨くこと
- □ **super-premium**：最高級の
- □ **substance**：物質
- □ **compromise**：～を落とす
- □ **refill**：～を補充する（本文では酒を注ぎ足すの意味）
- □ **interpersonal relationships**：人間関係

トピック-2

居酒屋にて 2

「日本酒と焼酎の違いを教えて！」

J そうだな、精米歩合[*4]によって基本的には3種類[*5]に分けられていて、50％以下の精米歩合で造られた最高級酒の「大吟醸」、続いて、60％以下の「吟醸」、70％以下の「本醸造」とあるんだ。

M どうして精米しなければならないの？
J 米粒の表層部には酒の味を落としてしまう物質が含まれているから、精米すればするほど、品質も高くなるというわけ。

M なるほど。
W ところで、こういうところで飲んでいる人はいつも、他人のビールグラスやお猪口にお酒を注ぎ足しているようだけど、それはなぜ？
J これはね、円満な人間関係を保つため、もしくは築くために、もってこいの方法なんだ。初めて会った人と打ち解けるのにいい方法だよ。相手が君のグラスやお猪口にお酌してくれたら、君もお返しにお酌してあげるのがいい。
W 自分の飲み物は自分で面倒をみるのが好きな私たちとは違うわけね！
J そのとおり。居酒屋では料理も分け合って食べることが多いんだ。一度の食事でいろいろな料理を食べることができて、いい方法だよ。
M どうやら日本人は居酒屋でストレス解消を楽しんでいるようだね。
J おっしゃる通り。日本人は公の場では、「建前」といって、周りが望む通りに意見を述べたり振舞ったりして、本当に思っている「本音」は言わずにおく傾向があるからね。飲み会は、率直な意見を自由に言い合える、もってこいの機会というわけ。
M あぁ、酔うと本音が出るってことだね！

Words and Phrases

- □ **break the ice**：打ち解ける、堅苦しさをなくす
- □ **nurse**：（飲み物）をちびりちびり飲む（本文では自分の飲み物を自分で面倒を見るの意）
- □ **let off steam**：ストレスを解消する、憂さ晴らしをする
- □ **in vino veritas**：酔うと本音がでる（ラテン語のことわざ）

Columns

テーマは日本のお酒について。まずは日本酒と焼酎の違いを説明しましょう。日本酒と焼酎にはグレードがあります。その点にも言及すると面白い説明になります。

***1【日本酒の原料】**

高級日本酒の場合、「純米酒」という銘を打つ以外のものは、味を良くするための添加アルコールが少量混ぜてあるが、その場合、厳密には米以外の材料も含まれることになる。一方、普通酒においては、量を増やすための添加アルコールの他、アミノ酸や水飴などの調味料が使用される場合がある。

***2【連続蒸留】**

発酵した原料を連続的に蒸留し、高濃度のアルコールを取りだす方法。その後、水などで薄められる。酒税法上は同手法で製造された度数36度以下のもの。

***3【単式蒸留】**

単式蒸留は発酵した原料を一回だけ蒸留して、アルコール成分を取り出す方法。原材料の風味が残るため、原材料自体が高品質でないと旨くない。焼酎独特の香りを持つのはこちらで、本格焼酎とも呼ばれ価格も高め。酒税法上では、同手法で造られた度数45度以下のもの。

***4【精米歩合】**

本格的な日本酒に用いられる米は「酒米」と呼ばれる、でんぷん質が米の中心に集まったやや大きめの米。ワインにはもともと糖分が含まれているのでそれを直接酵母菌で発酵させればよいが、酒の製造では、でんぷんを米麹を使って糖分に分解し、さらに酵母菌を使って糖分をアルコールに変換するという2段階のプロセスがある。米の表層部分には脂質やタンパク質が含まれ、これらが発酵を妨げたり、味の劣化を招いたりする。そのため、精米によって表層部分を削り取る作業が行われる。ちなみに、精米歩合70%とは、30%を削り取って、70%が残っているという意味。数値が低くなればなるほど、精米歩合は高くなることになる。

***5【日本酒の酒類】**

高級酒は基本的に精米歩合によって品質が分類されている。添加アルコールを含むものは、大吟醸酒（精米歩合50%以下）、吟醸酒（60%以下）、本醸造酒（70%以下）があり、含まないものは、純米大吟醸（70%以下）、純米吟醸（60%以下）、純米酒（50%以下）がある。一方、普通酒には、酒米の代わりに普通の米を使ったものもある。その場合、「純米酒」とは呼ばれず、「米だけから作ったお酒」などと表示されていることが多い。

CD1 4

Useful Expressions

be made from ～：～で作られている

物が作られている素材を説明する時の表現。素材によって前置詞が異なり、from ～は、例えば、大豆から豆腐が作られる場合など、原料など素材が原形をとどめないような場合に用いる。

(ex.) Tofu is made from soybeans, but *annin-dofu* isn't!
豆腐は大豆から作られますが、杏仁豆腐はそうではありません。

一方、漆造りの茶碗など、材料など素材が原形をとどめている場合には of ～を用いる。なお、made with butter（バターを用いて）など副素材については with ～、made by hand（人の手で）など手段については by ～も用いられる。

(ex.) Expensive bowls are made of lacquer, cheap ones of plastic.
高価なお椀は漆器ですが、安ものはプラスチック製です。

share：～を共有する

一般に、複数の主語が、一つの物事や空間などを、共有･使用･所有する場合に用い、受け身にすると be shared by ～となる。

(ex.) At formal tea ceremonies, the guests sometimes share the same bowl.
正式な茶会では、客人が同じ茶碗を使う(飲み回しをする) ことがあります。

一方、「A を B の間で共有する」 という場合、share A with (among) B の形になり、この場合の受け身は be shared with (among) ～となる。

(ex.) Bowls of food are often shared with friends, but not bowls of rice or soup.
皿料理は友人らと分け合って食べることがよくありますが、ご飯やスープをそうすることはありません。

Topic-3

Beverage preferences

"Tea, coffee, or *matcha* ice cream?"

Dialogue

M Can you guess why Japanese vending machines thrilled me when I first arrived?

J Hmm. They operate around the clock?

M No, the canned coffee! I'd never seen it before.

J Really? We take it for granted. It was first marketed in the 1960s, but it really took off when vending machines started selling hot and cold cans in the 1970s. Since then, coffee consumption has more than tripled.

M There are coffee shops everywhere!

J Yes. They used to be places to read magazines, play computer games, or listen to jazz or classical music. Now they're just like anywhere else. But did you know there are actually 'coffee ceremonies', with actions similar to the tea ceremony?

M Really? I fancy going to one of those! So how is green tea faring in the face of the coffee invasion?

J Well, it's still very popular because it's healthy and different types go well with different situations and types of food. But some things are changing. For example, it's a custom to serve green tea to guests, and it's still thought courteous for a guest not to request anything if asked, but to leave everything up to the host.

Words and Phrases

- ☐ **thrill**：（人）をわくわくさせる、興奮させる
- ☐ **take ～ for granted**：～を当然・当たり前のことと考える
- ☐ **market**：～を売り出す、市販する
- ☐ **take off**：（商品が）急に売れ出す、人気が出る
- ☐ **triple**：３倍になる
- ☐ **fancy ～ ing**：～を好む，～をしたい気がする

トピック-3

日本の飲み物事情

「お茶、コーヒー、それとも抹茶アイス?」

Translation

M 僕が初めて来日したころ、日本の自動販売機にすごくワクワクしたよ。なぜかわかる?

J う〜ん。24時間使えるから?

M いいや、缶コーヒーさ! それまで見たこともなかったよ。

J 本当? 日本ではあって当然と思われているけれど。缶コーヒーは1960年代に市場に現れたけど、1970年代になって自動販売機で温かいものと冷たいものを販売し始めてから、急激に売れ行きが伸び始めてね。以後、コーヒーの消費量は3倍以上にもなってきたんだ。

M 喫茶店がそこらじゅうにあるよね!

J そうとも。喫茶店は昔、雑誌を読んだり、コンピュータゲームをしたり、ジャズやクラシック音楽を聴くような場所だったんだ。*1 今では他の国のコーヒーショップとあまり変わらないね。だけど、茶道とほとんど同じような、「コーヒー版茶道*2」があるのを知ってる?

M 本当? それはぜひとも行ってみたいな! コーヒー人気の侵攻に対して緑茶の人気はどんな感じだい?

J そうだなぁ、緑茶は今でもとっても人気だな。ヘルシーだし、色々な種類がある*3から、どんな状況にも、どんな食べ物にも合うしね。でも変化してきている点もあるよ。たとえば、客人には緑茶を出す習慣があるけど、客人は聞かれても何も要求せず、万事をもてなす人に任せておくのが礼儀だと今でも考えられているんだ。緑茶は昔

Words and Phrases

- □ **fare**：やっていく，暮らしていく
- □ **in the face of 〜**：〜に直面して、〜をものともせず
- □ **invasion**：侵攻
- □ **go well with 〜**：〜と調和している、合う
- □ **courteous**：礼儀正しい、丁寧な
- □ **leave 〜 up to...**：〜を…次第にする、…に任せる

Topic-3
Beverage preferences
"Tea, coffee, or *matcha* ice cream?"

Green tea has always been the safest kind of drink to serve anyone Japanese. But it's becoming more common to ask what the guest would like, and it's acceptable to state your preference.

M I see. Is it true the Japanese have never traditionally used sugar and milk for green tea?

J Well, not for brewed green tea, because it's regarded as an equivalent to water. At restaurants, water's served free for Western-style meals and green tea for Japanese-style meals. Just as you wouldn't add sugar to the water, no Japanese would add sugar to the tea. It's only recently that it's gained the status of a refreshing beverage in its own right—with a price tag!

M What about that delicious *matcha* ice cream?

J Ah, well, *matcha* powdered tea has traditionally been served with sweet confections, as in the tea ceremony. So, after the introduction of the Western custom of putting sugar and milk in black tea and coffee, it was quite natural to use sugar and milk in *matcha* products as well—such as cakes and ice cream!

M And black tea's also very popular.

J Oh, yes. Many ladies have lessons on how to hold proper English tea parties.

M Really? I could teach them a thing or two!

Words and Phrases

- □ **acceptable**：受け入れられる、許容できる
- □ **state**：〜と（はっきり）言う、主張する
- □ **preference**：好み
- □ **brewed**：醸造された（本文では「煎じた」の意）

から日本人ならどんな人に出しても大丈夫な、いちばん無難な飲み物だね。でも最近では、客人に何が飲みたいか尋ねるのも一般的になってきているし、自分の好みを言ってもよいとされるようになってきたね!

M なるほど。日本人は昔から、緑茶に砂糖もミルクも絶対に入れないというのは本当?

J そうだな、煎茶には使わないな。水と同じようなものと見なされているからね。レストランでは、洋食には水、和食には緑茶が無料で出されるよ。欧米人が水に砂糖を入れないのと同じように、日本人もお茶に砂糖は入れないというわけ。お茶それ自体が清涼飲料の地位を得て、有料で販売されるようになったのはごく最近のことだよ!

M あの美味しい抹茶アイスクリーム*4は?

J あぁ、そうだなぁ。抹茶は昔から茶会で甘い和菓子と共に出されてきたんだ。だから、紅茶やコーヒーに砂糖やミルクを入れる西洋の習慣が入ってきてからは、抹茶製品にもごく普通に砂糖やミルクが使われるようになったんだ。たとえば、ケーキとかアイスクリームとか!

M それに紅茶もとても人気があるよね。

J ああ、そうだね。正式な英国式茶会の作法を習っている女性も多いよ。

M 本当に? 僕もちょっとは教えてあげられるよ!

Words and Phrases

- □ **equivalent to ～**:～と同等である、同義である
- □ **in one's own right**:それ自体で
- □ **confection**:菓子

Columns

抹茶はアイスにしたりケーキにしたりするのに、緑茶にはなぜ砂糖を入れないかはよく話題に上ります。日本の飲み物事情について語り合いましょう。

***1【喫茶店の歴史】**

「喫茶」とは、鎌倉時代に使われ始めた茶を飲む習慣を指す言葉。茶を日本に伝えた栄西の著「喫茶養生記」にもその言葉が見える。コーヒーを提供する現在のような喫茶店が日本に登場したのは明治時代で、大正時代には大ブームとなる。戦後の1950年代には、店内の客が一緒に歌う歌声喫茶、クラシック音楽などをBGMとして流す名曲喫茶、ジャズのレコードを聴かせるジャズ喫茶などが流行する。その後、1960年代からコーヒーの味にこだわる純喫茶、1970年代からはテレビゲームを導入した喫茶店などが流行った。1980年代以降、現在のようなチェーンのカフェが広まるようになった。

***2【coffee ceremony】**

エチオピアなどにおける、コーヒーで客をもてなす儀式的な習慣。草や花を床に敷き詰めて香を焚き、炭でコーヒーを焙煎して香りを楽しみ、丁寧に入れたコーヒーで客をもてなすもの。日本の茶の湯に似ており、儀式やもてなしの精神面などが特徴となっている。

***3【茶の種類】**

日本に茶が伝わったのは鎌倉時代。紅茶も緑茶も同じ茶の木の葉だが、紅茶は発酵したもの、緑茶は発酵していない点が異なる。ちなみに、茶とteaは同じ中国語が起源。茶葉の細胞には発酵を促す酵素があり、葉を摘んで揉むと、細胞が壊れ酵素が出てきて発酵が始まる。紅茶は輸送中に偶然発酵したのが始まり。日本の緑茶は、加熱処理をして発酵を止めるのが特徴。江戸中期までは、茶は高級な茶葉を粉末にしてお湯で溶いて飲むのが常識で、庶民には手が届かないものだったが、茶を煎じる手法が黄檗宗の僧である売茶翁によって広められると、煎茶は品質が低い茶でも飲むことができるため、玉露・煎茶・番茶の等級が生まれ、安価な番茶は庶民にも手の届く存在となっていった。

***4【抹茶アイスは誰が発明した？】**

1873年に御雇外国人として来日した日本研究の第一人者チェンバレン（Basil Hall Chamberlain, 1850-1935）は、著*Things Japanese*（1890）で抹茶に言及しており、その注釈にForeign gourmets residents in Japan have discovered that a delicious ice-cream can be made out of it.（日本在住の外国人美食家は、抹茶から美味しいアイスクリームを作れることを発見した）とある。一方、1883年創業の茶舗平野園（東京銀座）は、明治天皇が病気の折、抹茶アイスクリームを製造・献上したそうだ。どちらが早かったのかは定かではない。

Useful Expressions

take ～ for granted：～を当然と考える

grant（～を与える）を用いた慣用句。takeの後には名詞相当語句の目的語を持ってくるが、節を持ってくる場合、仮目的語のitを置いて、grantedの後にthat節を続け、take it granted (that) ～とする。この場合、thatは省略可能。

(ex.) We take it for granted that sushi chefs' hands will be spotlessly clean.
寿司職人の手は完璧にきれいであって当然とされています。

受け身はbe taken for grantedになる。この場合も仮主語のitを用いてgrantedの後にthat節を続けることができる。

(ex.) It is taken for granted that foreigners will remove their footwear wherever the Japanese do.
日本人が靴を脱ぐ所では、外国人もそうするのが当然とされています。

go well with ～：～によく合う

食べ物や飲み物の相性が良いことを説明する時の決まり文句。この場合のgoは「調和する」の意味で、wellなどの様態を説明する副詞（句）を伴う。wellは最上級にしてbestともできる。

(ex.) *Edamame* pod soybeans go very well with a glass of beer in summer.
枝豆は、夏のビールのつまみとして最高です。

味の他、色や形、デザインなどに対しても用いることができる。

(ex.) Walking boots don't go very well with kimono.
ウォーキングブーツは着物に似合いません。

Topic-4

Food diversity

"B-rank gourmet?"

CD1 7

Dialogue

M I stayed at a hotel recently and I was amazed by the variety of food available for breakfast. And I noticed lots of the Japanese guests were mixing Japanese items with scrambled eggs, sausages, salad and toast!

J Yes. An all-you-can-eat style hotel buffet often tempts people to eat a variety of food items. And I suppose we Japanese excel at mixing different types of cuisine.

M I agree. I've noticed, for example, that bonito flakes are sprinkled on *okonomiyaki* savoury pancakes containing meat. We rarely mix fish and meat tastes in one dish.

J We don't regard that as strange at all. Japanese food culture has steadily become more diverse since the end of the war. We now enjoy a wide variety of dishes including Southeast Asian, Chinese, Indian, and Western dishes. And, as seen in many aspects of Japanese culture, we like to import foreign ideas and incorporate them into original products. So it's only natural that there are many hybrid dishes in Japan.

M Ah, you mean things like one of my favourites—*omuraisu*?

J Exactly. That's a perfect combination of Japanese rice and a Western omelette, with oodles of tomato sauce! Dishes like that based on foreign dishes and not eaten with chopsticks are classi-

Words and Phrases

- □ **all-you-can-eat**：食べ放題の、バイキング形式の
- □ **tempt ～ to do**：～を…したい気持ちにさせる、誘う
- □ **excel at ～**：～において優れている、得意である
- □ **bonito flakes**：かつお節
- □ **sprinkle**：～を振りかける

トピック-4

日本は食の宝石箱！

「B級グルメって、なんですか？」

Translation

M 先日ホテルに泊まったけど、朝食でいろんな料理が選べるので驚いたよ。そこで多くの日本人宿泊客が、日本料理にスクランブルエッグやソーセージ、サラダやトーストなんかを合わせて食べているのに気が付いたよ！

J そうそう。食べ放題[*1]スタイルのホテルビュッフェだと、いろいろなものを食べたくなってしまうからね。思うけど、日本人は異なる種類の料理をミックスするのが上手いよね。

M 同感。たとえば、お好み焼き[*2]という肉入りのパンケーキにはかつお節を振りかけるよね。西欧では魚と肉を1つの料理にミックスすることはほとんどないよ。

J 日本人にはごく当たり前のことだな。戦後、日本の食文化は多様化し続けてきて、今や日本人は、東南アジア料理、中華料理、インド料理に西洋料理まで、実にバラエティに富んだ食を楽しんでいるよ。それに、日本文化の多くの面に見られるように、日本人は外国のアイデアを取り入れて、それを独自の製品に吸収することが好きだからね。だから、異なるものを掛け合わせた感じの料理が日本にたくさんあるのはごく自然なことなんだ。

M あぁ、つまりそれは、僕が大好きな「オムライス」のようなもののこと？

J まさにそう。オムライスはごはんと西洋のオムレツの見事なコンビネーション。トマトケチャップもたっぷりかかっているしね！　こういう料理は外国料理が基盤になっていて、箸では食べることがない「洋

Words and Phrases

- □ **diverse**：多様性のある
- □ **aspect**：一面、局面
- □ **incorporate A into B**：AをBに組み込む、合体する
- □ **hybrid**：雑種の、混合の
- □ **oodles of 〜**：たっぷりの〜

fied as *yoshoku*—literally 'Western food'. Other good examples are *hayashi raisu*, *napolitan* spaghetti and Japanese-style curry, which we call *kare-raisu*.

M I heard an expression the other day I didn't understand, partly because it doesn't make sense in English—'B-rank gourmet'. What's that?

J Ah, yes, *bii-kyu gurume* is a popular term these days. As opposed to traditional haute cuisine like *kaiseki* multi-course dishes and rather expensive dishes such as sukiyaki and *teppan-yaki*, it refers to casual and inexpensive dishes of a non-gourmet type that are very tasty. *Okonomiyaki* is actually one example. Others are *donburi-mono*, a bowl of rice topped with various ingredients, *yakisoba* fried noodles, ramen, *gyoza* fried dumplings and *takoyaki* octopus balls.

M Oh, I'm familiar with pot ramen, of course!

J These days there are even national competitions for B-rank gourmet dishes, in which each region comes up with an original dish. The one chosen as the champion often causes a nationwide boom.

M Well, B-rank gourmet dishes sound relatively inexpensive.

J Yes, and since you like *okonomiyaki* and ramen, I think you're already a genuine B-rank gourmet!

Words and Phrases

- ☐ **literally**：文字通りに
- ☐ **gourmet**：グルメ、美食家、食通
- ☐ **as opposed to ～**：～とは対照的に
- ☐ **haute cuisine**：高級料理
- ☐ **multi-course**：多数の料理からなるコース

食[*3]」、つまり、「西洋料理」に分類されるんだ。洋食の他の例に、「ハヤシライス」や「ナポリタン」スパゲティ、「カレーライス」と呼ばれる日本式カレーなどがあるよ。

M 先日耳にした表現で、よく理解できなかった言葉があって。そのままでは、英語にならないからね。「B ランクグルメ」。それって何？

J あぁ、「B 級グルメ[*4]」は最近流行っている言葉だね。フルコースで出される「懐石」のような伝統的な高級料理や、どちらかといえば高価なすき焼きや鉄板焼きとは対照的に、グルメ志向でなく、ざっくばらんで安価な料理でありながら、非常においしいものを指すんだ。「お好み焼き」も実はそのひとつ。他には、「丼ぶりもの」という丼に盛ったご飯にいろいろなおかずを載せたものとか、焼きそば、ラーメン、餃子、たこ焼きなどがその部類だよ。

M あ、カップラーメンなら知ってるよ、もちろんね！

J 最近では、B 級グルメ料理の全国大会まであって、各地方がオリジナルの料理を考案しているんだ。チャンピオンに選ばれた料理は日本全国で大流行にもなるよ。

M B 級グルメは、どちらかといえば安そうだね。

J うん。それにお好み焼きやラーメンが好きなら、もう君は、れっきとした B 級グルメファンだと思うよ！

Words and Phrases

- □ **casual**：気取らない、日常の
- □ **inexpensive**：安価な
- □ **dumpling**：餃子、小麦粉を練って作る団子
- □ **competition**：コンテスト、競技会
- □ **genuine**：本物の、れっきとした

Columns

スキヤキ、鮨、天ぷらが日本三大料理と言われますが、それらは決して日常食というわけではありません。日本人が日頃食する多様な料理について説明しましょう。

*1【食べ放題】

英語では All You Can Eat と言う。会話では all-you-can-eat とハイフンで結んで形容詞形にしてある。他に、buffet、smorgasbord などとも呼ばれるが、buffet はフランス語、smorgasbord はスウェーデン語に由来する。日本では 1958 年にビュッフェ形式の「バイキングレストラン」が帝国ホテルにオープンし、以降、日本語では「バイキング」が「食べ放題」の代名詞となった。ちなみに、バイキングの名称の由来は、1958 年に日本で上映されたカーク・ダグラス主演の海賊映画『バイキング』に船上で飲み食いするシーンがあり、そこから着想を得たものだという。

*2【お好み焼き】

小麦粉を水で溶いて焼く料理は、16 世紀末に茶席で出した「麩の焼」が起源とされる。その後、江戸時代になると小麦に味付けをして文字の形に焼いた「文字焼」が庶民の間に広まった。明治時代になると「文字焼」は東京の屋台で子ども相手に売られるようになり、売り歩きの際に鳴らす太鼓の音から「どんどん焼」や文字焼きがなまって「もんじゃ焼」と呼ばれるようになったとされる。ソースで味付けをしていたため、戦前は「洋食焼き」、また、1 枚 1 銭で売られたことから「一銭洋食」と呼ばれ、子どものおやつとして広まったが、戦後、米不足から小麦消費が増えて大人の層にも広まった。後に、お好みの具材を載せて焼くようになり、「お好み焼き」の名称とともに一つの分野を築くようになった。

*3【洋食】

明治時代の文明開化の折にすきやきの前身である牛鍋が生まれ、庶民にも肉食が次第に普及していった。それとともに、西洋の料理を模倣した料理が作られるようになり、日本古来の「和食」に対し「洋食」と呼ばれるようになった。洋食は日本人の好みに合うように進化し、オムライス、スパゲティナポリタン、ハヤシライス、ポークカツレツなど、日本独特の料理が生まれ、本格的な西洋料理とは異なる独特の分野を形成するようになった。

*4【B 級グルメ】

英語では、B が何を意味するかが不明で直訳では理解されない。そこで、会話では casual and inexpensive dishes of a non-gourmet type（食通向きではない手軽で安い料理）と説明してある。もともと B 級グルメは外食が主だったが、今では家庭料理も含み、また、ご当地グルメと合体して「B 級ご当地グルメ」というジャンルも生まれた。会話にある competition とは B 級ご当地グルメを競う「B-1 グランプリ」のことで、2006 年に青森県八戸市で第 1 回が開催され、以降毎年 1 回行われている。

CD1
8

Useful Expressions

import：〜を輸入する

語源は、im-（中へ）＋port（港）で、外国から品物を買って国内で使用するために国内に持ち込むこと。反意語はex-（外へ）＋port（港）の意味のexportになる。いずれも名詞の用法があり、例えば、restrictions on the import [export] of 〜で「〜の輸入［輸出］制限」などのように用いる。いずれも複数形のimports、exportsとすると、輸入品、輸出品の意味になる。

(ex.) Only about five per cent of Japan's rice is imported.
日本で消費される米のうち、輸入米はたったの5％です。

名詞のimport、exportは、importation、exportationとも言う。

(ex.) *Hanko* makers were concerned about the ban on the importation of ivory.
印章の製造者たちは、象牙の輸入禁止を懸念していました。

come up with 〜：〜を考え出す

come upは幅広い意味を持ち、後に続く前置詞によって意味が異なる。中でも、come up with 〜は最もよく用いられる成句の一つで、答えや解決策などを目的語に取り、「〜を考え出す」「〜を思いつく」「〜を提案する」「〜を提出する」などの意味を出す。

(ex.) To avoid the shogunate's ban on flashy clothes, kimono makers came up with the idea of decorating the lining.
華美な服装を禁じた幕府の目を避けるため、着物の製造者たちは裏地を飾ることを思いつきました。

「〜から上京する」という意味では、come up from 〜、「〜へと上京する」という意味ではcome up to 〜を用いる。

(ex.) Many young people come up to Tokyo from rural areas to study or look for work.
多くの若者が、就学や職探しのために、地方から上京してきます。

Topic-5

Seaweed

"The unsung hero of Japanese cuisine"

CD1 9

Dialogue

W The Japanese often talk about rice, soybeans and miso as being the staple ingredients of the Japanese diet, but it seems to me there's one other vital ingredient that's quite ubiquitous.

J Hmm, what could that be?

W Seaweed.

J Ah, of course! It's the unsung hero of Japanese cuisine.

W It crops up all over the place.

J That's right—in sushi, with soup, sprinkled over dishes like *okonomiyaki*, traditional confectionery, and so on.

W Is seaweed very nutritious?

J Oh, yes. It's full of nourishing vitamins and minerals, but at the same time it's low in calories, so it's an excellent health food.

W There are lots of different types, right?

J You may be surprised to know that there are around 1,500 species in Japan—more than 350 in the Inland Sea alone.

W What are the main types used for Japanese cuisine?

J Well, you're familiar with the dried *nori* laver sheets used to wrap sushi. Wild *nori* is harvested in winter, but these days it's widely farmed. Amazingly, five sheets of *nori* contain the same amount of protein as one bottle of milk or one egg.

Words and Phrases

- □ **staple**：主要な
- □ **vital**：不可欠な
- □ **ubiquitous**：どこにでもある、どこでも見かける
- □ **unsung hero**：影の主役、縁の下の力持ち
- □ **crop up**：現れる、登場する
- □ **confectionery**：菓子

トピック-5

「海の草」って、食べれるの？

「日本料理の影のヒーロー」

Translation

W 日本人はよく米や大豆、味噌を日本食の要だと言うけど、もうひとつ他に、本当にどこでも見かける必須の食材があるようね。

J ふ〜む、なんだろう？

W 海藻よ。

J あ〜、そうだね！　日本食の影のヒーローだね！

W どんな料理にも登場するわ。

J その通りだね。寿司、汁物、それにお好み焼きなんかに振りかけられていたり、伝統的な和菓子などにも、いろいろな形で使われているね。

W 海藻類の栄養価は高いの？

J もちろん。ビタミンやミネラルをたくさん含んでいる[*1]のに、低カロリーなんだ。素晴らしい健康食だよ。

W いろいろな種類があるわよね？

J 驚くかもしれないけど、日本には約1,500種もの海藻があるんだ。瀬戸内海だけでもなんと350種以上も。

W 日本料理に使われるのは主にどんな種類のもの？

J そうだな、寿司を巻くのに使われる乾燥させた板海苔は知っているでしょ。天然海苔は冬に収穫されるけど、最近では広く養殖されているね。驚きだけど、5枚の海苔に牛乳1本か卵1個と同量のたんぱく質が含まれているんだ。

Words and Phrases

- □ **nutritious**：栄養になる、栄養価が高い
- □ **nourishing**：栄養価が高い
- □ **species**：種類
- □ **harvest**：収穫する
- □ **farm**：栽培する、養殖する

Topic-5
Seaweed
"The unsung hero of Japanese cuisine"

W Oh! So that suggests seaweed has long been important in Japanese history for providing protein as well as soybeans.

J That's right. *Nori*'s also perfect for wrapping around food like sushi because it contains organic compounds with an antibacterial effect; it keeps food from going off. Not only that: one type of laver called *funori* has long been used as an adhesive in mortar, as in the white walls of Himeji Castle.

W Wow, seaweed is very versatile!

J Another important type is *konbu* kelp, the base for one major type of *dashi* soup stock. It contains glutamic acid that produces umami, the basic savoury taste identified in Japan around 100 years ago.

W How about the seaweed that often appears in miso soup?

J That's *wakame*, which is also popular as an ingredient for salads.

W You mentioned traditional seaweed confectionery as well.

J Yes. *Kanten*, a gelatine-like substance made from a type of seaweed called *tengusa*, is used to make traditional confections resembling jelly. It's agar in English.

W Ah, right, I've seen those. Well, in Britain up to now, only the Welsh used seaweed to make 'laver bread'. But these days, sushi is available everywhere, so that means we're all eating seaweed regularly!

Words and Phrases

- □ **organic compound**：有機化合物
- □ **antibacterial**：抗菌効果のある
- □ **go off**：（食品が）腐る
- □ **adhesive**：接着剤、粘着剤

トピック-5

「海の草」って、食べれるの？

「日本料理の影のヒーロー」

W へえ！　じゃあ、海藻は日本の歴史の中で、昔から大豆と並んで貴重なたんぱく源だったということね。

J その通り。それに、海苔は抗菌効果のある有機化合物を含んでいるから、寿司のような食品を巻くのに最適なんだ。食品が腐りにくくなるからね。それだけじゃないよ。「ふのり」と呼ばれる種類の海苔は、昔から漆喰の接着剤[*2]として使われてきたんだ。姫路城の白い壁もそうだよ。

W うわぁ、海藻って用途が広いのね！

J また別の海藻で「昆布」という、ダシ汁を取るための種類もあるよ。昆布は「うま味[*3]」を引き出すグルタミン酸を含んでいる。うま味は約100年前に日本で発見された基本味なんだ。

W 味噌汁によく入っている海藻は？

J あれは「ワカメ」といって、サラダの材料としても人気だね。

W 伝統的な海藻のお菓子があると言ってたわよね。

J うん。「テングサ」と呼ばれる海藻から作られる「寒天[*4]」というゼラチンのようなものがあって、それを使ったゼリーのような和菓子があるんだ。寒天は英語で言うとagarだね。

W あぁ、なるほど、それは見かけたことがあるわ。英国では今でも、ウェールズ人だけは海藻を使って「ラーヴァーブレッド[*5]」を作っているわ。だけど最近は、どこでも寿司が食べられるから、だれもが海藻を常食していることになるわね！

Words and Phrases

- □ **mortar**：漆喰
- □ **versatile**：万能な、用途の広い
- □ **glutamic acid**：グルタミン酸
- □ **identify**：特定する

Columns

日本料理の中で目立たない存在でありながら重要な役割を果たしているのが海藻。その効用や幅広い種類・用途は、海藻を食べる習慣がない外国人には新鮮です。

***1【海苔の栄養】**

海苔は、たんぱく質、カルシウム、マグネシウム、鉄分、亜鉛、ヨウ素などに富んでいる。ビタミンでは、A、B1、B2、C、Eが含まれ、海苔1枚（約21×19cmの場合）に卵1個分以上のビタミンAが含まれている。ビタミンCは熱に弱く破壊されやすいが、海苔に含まれるビタミンCは熱に強く、長期保存が可能である点も海苔が食材として優れている点である。また、海苔の脂肪酸の約半分がEPA（エイコサペンタエン酸）で、悪玉コレステロールの低下に効果がある。さらに、海苔の40%近くが食物繊維で、海苔1枚にごはん1杯半の食物繊維が含まれている。

***2【ふのりと漆喰】**

ふのりは（布海苔、布糊）は紅藻類フノリ科フノリ属の海藻。紅紫色で表面がねっとりしていて光沢がある。昔から様々な用途があり、食材のほか、天然糊として漆喰の材料や布地の糊づけなどに利用されてきた。なお、漆喰とは壁や天井などの塗料のことで、石灰岩にふのり、にがりなどを加え、糸くずや粘土などと混ぜ合わせたもの。語源は「石灰」で「漆喰」はあて字。

***3【うま味と池田菊苗】**

昔から味覚には、酸味、甘味、塩味、苦味の４種類があると言われていたが、それ以外に第５の味覚が存在することが古くから指摘されていた。それを発見したのは、東京帝国大学（現在の東京大学）教授だった池田菊苗で、1908年にだし昆布を煮詰めてグルタミン酸の結晶化に成功した。これが後の「味の素」になる。この物質が第５の味覚を引き起こすものの一つとして、池田菊苗は「うま味」と命名した。後に鰹節に含まれるイノシン酸、しいたけに含まれるグアニル酸などもうま味成分であることが裏付けられた。西洋で「うま味」が認識され出したのは最近のこと。該当する英語がないため、多くの辞書でumamiとして掲載してある。

***4【寒天】**

テングサを煮て固めて、凍らせたうえで乾燥させたもの。加熱して冷やすと透明になって固まる。羊かんやゼリーなどの菓子材料のほか、酒類の清澄剤やオブラートなどの材料としても用いられる。

***5【laver bread】**

海苔から作られたウェールズの伝統料理。乾燥したアマノリを煮込み、刻んでペースト状にしたもの、または、これにオートミールを入れて炒めたもの。パンやベーコンにつけて食したりソースやスープとして用いたりする。

Useful Expressions

be familiar with ～：～をよく知っている

familiar は「家族」を意味する family から派生した語で、基本語義は「親しい知り合いである」というニュアンス。a familiar story（ありふれた話）など、名詞の前に置くこともできるが、「A は B にとっておなじみである」「A は B に精通している」という場合、A is familiar with B. とする。

(ex.) Police forces around the world are now familiar with Japan's 'koban' system.
今では世界中の警察が、日本の交番の制度をよく知っています。

前置詞を to に代える場合、A と B の関係は逆になるので注意。つまり、A is familiar with B. = B is familiar to A. の関係になる。

(ex.) The practice of washing your hands before entering a shrine is familiar to all Japanese.
神社に入る前に手を清める習慣は、日本人なら誰でも知っています。

available：売られていて

available は、物・事などが「入手可能で」「利用できて」という基本の意味。日本語の「売られている」は、英語では be sold か be available に相当するが、前者は売られる品に主眼があるのに対し、後者は買う人に主眼があり、文脈上、available が好ましい場合も多い。

(ex.) It's only during the past 30 years or so that foreign liquor has become available at very reasonable prices.
洋酒を非常に手軽な価格で買うことができるようになったのは、ほんの過去 30 年ほどの間です。

動詞形は avail で、決まり文句として avail oneself of ～「〈機会など〉～を利用する」の形がよく用いられる。

(ex.) Visitors to Japan are recommended to avail themselves of the chance to experience a *rotenburo* open-air bath.
日本に来たら、露天風呂に入ってみることを是非おすすめします。

Topic-6

Bento

"This packed lunch is a work of art!"

Dialogue

W It's such fun to get away for the weekend. And it's almost a shame to eat this packed lunch. It's a work of art!

J Yes, bento are a wonderful form of portable meal. They're beautiful, convenient, tasty and inexpensive. This genre produced for sale at railway stations is called *ekiben*.

M Why did packed lunches develop into such a fine art in Japan?

J I think one reason is that Japonica rice is tasty even when cold, unlike the long-grained Indica varieties, and, being sticky, it's easy to make into rice balls. And most Japanese cuisine can easily be made into bento, apart from soups.

W How did bento develop?

J In ancient times, people carried around dried cooked rice called *hoshi-ii*, which was reconstituted in boiling water. Then in the late 16th century, boxed meals started to be made for cherry blossom viewing parties and outdoor tea ceremonies. During the Edo period, it became common for ordinary folk to go on trips to visit temples and shrines, and they often carried rice balls and pickles. More sophisticated bento were made for cherry blossom viewing parties, and the fancy versions called *makunouchi-bento* served at Kabuki theatres and eaten during the intervals became

Words and Phrases

- ☐ **get away**：出かける、遠出する
- ☐ **shame**：残念なこと（本文では「残念なくらいもったいない」の意）
- ☐ **a work of art**：芸術作品
- ☐ **portable**：持ち運びできる、携帯用の
- ☐ **genre**：ジャンル
- ☐ **long-grained**：長粒の

トピック-6

弁当は芸術だ！

「食べるのがもったいない！」

Translation

W 週末の遠出は楽しいわ。それにこのお弁当を食べてしまうのはもったいないくらい。これはもはや芸術作品ね！

J そうだね。弁当は携帯食として最高だね。見た目もいいし、便利だし、美味いし、それに経済的だし。こういった鉄道駅で販売しているものは「駅弁*1」と言うんだ。

M どうして日本では、お弁当がこれほど芸術的になったんだろう？

J ひとつには、細長いインディカ種と違って、ジャポニカ種は冷めても美味しいし、それに、くっつきやすくてお握りにしやすいからだと思う。おまけに日本の食べ物は、スープ以外、ほとんどが弁当に詰めやすいという理由があるね。

W 弁当はどのようにして生まれたのかしら？

J 古代には、「干し飯(いい)」という乾燥ご飯を携帯していたんだ。「干し飯」は茹でると炊いた状態に戻せるんだ。その後、16世紀末には、花見の宴会や野点(のだて)用に、箱詰めの料理が現れてね。江戸時代には庶民が寺社仏閣へ旅行することも多くなって、彼らはよくお握りと漬物を携帯していたんだ。花見用のさらに手の込んだ弁当が作られるようになる一方、歌舞伎小屋で出されて幕間に食べる「幕の内弁当*2」という豪華な弁当が大人気になったんだ。これらは現在の弁当の原型だね。

Words and Phrases

- □ **sticky**：粘り気のある
- □ **apart from ～**：～と別々の
- □ **reconstitute**：（乾物・粉ミルクなどを）戻す
- □ **sophisticated**：洗練された
- □ **fancy**：装飾の多い、意匠を凝らした
- □ **interval**：中休み

popular. They were the prototypes of today's bento.

W All kinds of bento are available at convenience stores, supermarkets and bento shops, but home-made bento are also popular, right?

J Yes. In the old days, there were fewer eating establishments and no school meal service, so preparing bento for the whole family was an indispensable part of a mother's household duties. And home-made bento remain popular today.

W On TV, I've seen lots of home-made bento with charming pictures created using the food items.

J Right—*kyara-ben*. They're a wonderful means of communication between makers and eater or eaters. They've become popular in the last few years, and there are many how-to books and websites featuring innovative ideas.

M I also heard that it's become common for people living alone to prepare their own bento due to the economic downturn.

J That's true. Women have long prepared their own lunches, but now many single men do it to save money. Fewer people are eating lunch out these days, so many restaurants make reasonably priced bento to sell in front of their establishment. As a result, bento shops and convenience stores have had to reduce their prices, and competition's getting ever stronger, with lots of new and unique types of bento, including seasonal specials. Anyway, let's eat!

M+W *Itadakimasu*!

Words and Phrases

- □ **prototype**：原型、元祖
- □ **eating establishment**：飲食の設備、飲食店
- □ **indispensable**：絶対不可避の

トピック-6
弁当は芸術だ！
「食べるのがもったいない！」

W コンビニにもスーパーにもお弁当屋さんにも、いろいろな弁当が売っているけど、手作りの弁当も人気があるんでしょ？

J そう。昔は飲食店も少なかったし、学校給食[*3]もなかったから、家族全員分の弁当を用意するのが母親の絶対欠かせない役目だったんだよ。今でも手作り弁当は人気だね。

W テレビで、たくさんの手作り弁当を見たことがあるわ。食材を使って可愛らしいイラストに作っているの。

J ああ、「キャラ弁[*4]」だね。弁当を作る人と食べる人との間の素敵なコミュニケーション手段だよ。キャラ弁はここ数年前から人気になってきて、ハウツー本や、斬新なアイデアを特集したウェブサイトがたくさんあるな。

M 不況の影響で、1人暮らしの人が自分の弁当を自分で作ることも多くなったとも聞いたよ。

J そうだね。女性は昔から自分で弁当を作ることは多かったけど、今は多くの独身男性が節約目的で弁当を持参するようになっているね。[*5] 最近は昼に外食する人も少なくなってきたんで、多くのレストランが安価な弁当を作って店の前で販売している。その結果、弁当屋やコンビニも値下げするしかなくて、競争はますます激化して、季節限定品のような、新しくてユニークな弁当がたくさん登場しているね。ま、とにかく、食べようよ！

M+W イタダキマス！

Words and Phrases

- □ **innovative**：斬新な、革新的な
- □ **competition**：競争
- □ **seasonal special**：季節の特選品、旬のもの

Columns

弁当は海外でも bento として知られるようになってきました。駅弁のほか、キャラ弁、弁当男子などの話にも挑戦していきましょう。

*1【駅弁】

最初の駅弁は 1885 年に日本鉄道の宇都宮駅に出された握飯とされる。有名な駅弁には、北海道森駅のいかめし、秋田県大館駅の鶏めし、長野県長野駅のきじ焼丼、富山県富山駅のますのすし、東京都東京駅の東京弁当、神奈川県横浜駅のシウマイ弁当、高知県高知駅の鯖の姿寿司、愛媛県松山駅の醤油めし、広島県宮島口駅のあなご飯、福岡県折尾駅のかしわめし、大分県大分駅の豊後さば寿司などがある。

*2【幕の内弁当】

名の由来は歌舞伎で幕間に俳優が用いたという説と、観客を接待するための芝居茶屋と呼ばれる店で出された幕間に食べる弁当という説がある。料理の源流は江戸時代に主流になった本膳料理にあり、後に駅弁の形態の一つとして広まることになる。似た形式の弁当に松花堂弁当があるが、こちらは、昭和初期に大阪の吉兆が茶懐石用の弁当として作ったのが起源で、中央に十字形の仕切りがあるのが特徴。松花堂弁当は、使い捨ての容器ではなく、専用の木製器で出される。

*3【学校給食】

日本最初の学校給食は、1889 年に山形県鶴岡町（現鶴岡市）の私立忠愛小学校で出されたと言われ、同学校にはその記念碑が建てられている。1932 年以降は政府が予算を講じて普及に努めたが、太平洋戦争が始まると継続できなくなる学校も多くなった。戦後、ユニセフや米国からの支援を受けて、1950 年から大都市の小学生児童を対象に完全給食が行われるようになる。1954 年に学校給食法が施行され、給食は教育の一環として全国で実施されるようになった。なお、米飯給食が開始されたのは 1976 年で、以降、メニューはバラエティーに富むようになり、現在に至る。

*4【キャラ弁】

ウィンナーをタコの形にしたり、リンゴの皮をウサギの耳のように残してキャラクターにする手法は古くからあるが、それから派生した、弁当の中身をキャラクターの形にしたものが 1990 年代に登場した。主婦がブログに掲載したキャラ弁が人気となり、出版物も刊行され、ここ数年の間に弁当レシピの代表格として確立してきた。

*5【弁当男子】

独身男性で自分の弁当を自作してオフィスに持って行く人を言い、2009 年の流行語ともなった。不景気の影響による節約志向やメタボ対策の健康志向、男性が料理をすることが普通になったことなどが背後にあるとされる。弁当男子のためのレシピ本も出版されて弁当男子の数は増えつつある。

CD1
12

Useful Expressions

remain ～：依然として～のままである

remain は完全自動詞として用いると「残る」の意味だが、このように、補語を伴い、不完全自動詞として用いることもできる。ある意味、leave と互換性があり、leave A B（A を B のままにしておく）は受け身にすると A is left B. となるが、これは A remains B. とほぼ同じような意味になる。

(ex.) The fact that many ancient scrolls remain intact today is proof of the durability of *washi* paper.
古代の多くの巻物が未だに無傷で残っているという事実から、和紙の強い耐久性がわかります。

名詞で用いる場合、複数形にすると「遺跡」「遺骸」「遺品」などを意味する。

(ex.) The remains of some 4,000-year-old pieces of charcoal have been found at a Japanese archaeological site.
日本のある史跡で、4000 年前にさかのぼる木炭の残存物が見つかりました。

a means of ～：～の手段

means は「手段」「手法」（＝ way）の意味で、～ s が付いた状態で単数・複数として用いる。したがって、a means of ～のように a が付いていても、～ s を落とさないように注意。of 以下には名詞や動名詞を持ってくるが、a means to do のようの to- 不定詞を使うこともできる。

(ex.) Hiragana were created as a means of writing any Japanese words without using kanji characters.
ひらがなは、漢字を使わずに日本語を表記する手段として作り出されました。

by means of ～の形にすると、「～を使って」という副詞句を作る。

(ex.) By means of the invention of hiragana, many female writers could write creatively in the Heian period.
平安時代には、ひらがなの発明を利用して、多くの女性作家が文芸活動を行えるようになりました。

Topic-7

Local food

"Why are limited edition products so popular?"

CD1 13

Dialogue

W You said most major train stations have at least one special *ekiben*, which makes railway travel all the more fun.

J Yes, and both the ingredients and the containers feature some local colour.

W I've noticed that train stations also sell lots of snacks and confections that are special to that district.

J Yes, they're advertised as 'local edition' products because they use local specialities as ingredients or have some connection with local cultural events and customs. They make very nice souvenirs.

M So regionally limited editions provide the chance to experience local cultures.

J That's right. Many ekiben are based on *gotochi gurume*, which refers to both traditional local dishes called *kyodo ryori* and newly invented ones. Popularizing *gotochi gurume* helps to revitalize an area and strengthens ties among the local residents. Most places nationwide have some kind of *gotochi gurume*.

M Presumably, this is all influenced by Japan's climate and geography?

J Indeed. Japan extends a long way from north to south and the climate varies greatly from region to region, so distinct cultures have formed in each part of the country. Food preferences differ greatly, too. For example, Tokyo and Osaka are only 500 kilo-

- ☐ **all the more**：いっそう、なおさら
- ☐ **ingredient**：（特に食品の）材料、原料、含有物
- ☐ **container**：容器
- ☐ **speciality**：名物、自慢の料理（【米語】：specialty）
- ☐ **souvenir**：お土産
- ☐ **invented**：考案された、創作された

トピック-7

ご当地グルメと季節限定

「限定品が日本人に大人気の理由」

Translation

W 大きな駅にはたいてい、少なくとも1つは特別な駅弁があるって言ってたわよね。そのおかげでなおさら電車の旅が楽しくなるわ。
J うん。中身も容器も、なにか地域の特色を表しているからね。

W 鉄道の駅では、その地域特有の軽食やお菓子[*1]もたくさん売ってるわね。
J そうだね。地元の特産品を材料に使っていたり、その地域の文化的行事や習慣と何らかのつながりを持っているから、「地域限定」商品として宣伝しているよね。お土産にとてもいいよ。

M ということは、地域限定品で、その地方の文化に触れることもできるわけだね。
J そうそう。駅弁はその多くが「ご当地[*2]グルメ」に基づいているんだ。「ご当地グルメ」は、郷土料理と新たに考案された料理の両方を指すけれど、「ご当地グルメ」として人気が出ることで、その地域が再活性して、地元住民の結びつきも強くなるんだ。日本中のほとんどの地域に、なんらかの「ご当地グルメ」があるよ。
M それって、日本の気候や地理が影響しているのかな？

J まさにその通り。日本は南北に長く、地域ごとに気候も大きく異なるから、国土のそれぞれの地域に独自の文化が生まれたんだ。食べ物の好みも大きく異なるよ。たとえば、東京と大阪は500kmしか離れていないけれど、味付けの好みはまったく違うんだ。人気が

Words and Phrases

- □ **popularize**：～を大衆化する、～を世に広める
- □ **revitalize**：～を復興させる、元気にする
- □ **ties**：絆
- □ **presumably**：推定上、思うに、たぶん
- □ **distinct**：（他と）異なる、独特な
- □ **preference**：好み、（選択の）優先傾向

metres apart, but the preferred flavours are very different. That even extends to the taste of the soup in a popular pot noodle product!

W And there are big seasonal changes, too.

J Yes, the four seasons are distinct, and they affect food and lifestyles. In spring, for example, popular items are bamboo shoots and wild vegetables called *sansai*, whereas in summer it's broiled eel and cold noodles, and in autumn, salmon and aromatic *matsutake* mushrooms. Naturally, there are seasonally limited bento and restaurant menus featuring those items. By consuming them, we can enjoy the changing seasons and also have that delicate feeling of transience which is an important Japanese aesthetic element.

M It seems to me that the Japanese really like limited edition products.

J Yes, but there's a practical business side to it as well. Japanese markets are relatively mature, so for a new product to become popular, it must have some special characteristic that creates a strong impact. That's risky for manufacturers, so they often test launch a product in a limited area for a limited time to determine the market trend. In other words, limited edition items can help sales promotion.

M I think Japanese manufacturers and consumers have an excellent win-win relationship!

Words and Phrases

- ☐ **bamboo shoot**：たけのこ
- ☐ **broiled**：直火で焼いた
- ☐ **aromatic**：良い香りがする、芳香のある
- ☐ **transience**：はかなさ、無常
- ☐ **aesthetic**：美の、美学の

あるカップ麺のスープの味付け[*3]まで違うんだ！

W それに、季節による変化も大きいし。
J そう。四季がハッキリしていて、それぞれの季節が食や生活様式に影響しているね。たとえば、春にはタケノコや山菜が出回るし、夏にはウナギの蒲焼や冷たい麺類、秋には鮭や良い香りの松茸かな。当然、これらの素材を用いた季節限定の弁当やレストランメニューもあるんだ。旬の食材を食べることで、日本人は季節の変化を楽しめるし、また、日本の大切な美学、あの繊細な無常感をも味わえるというわけだね。

M 日本人は本当に限定品が好きだなと思うな。

J そうだね。でもそれには現実的な商売という側面もあるよ。日本の市場はどちらかというと成熟している[*4]ので、新しい製品が人気を得るには、強いインパクトを与えるような目立った特徴がなくてはならないんだ。だけどメーカー側としてはリスクが高いから、市場の動向を見定めるために、しばしば地域と期間を限定してテスト販売をするんだよ。言い換えれば、限定品は販売宣伝の一助なんだよね。

M 日本のメーカーと消費者は、お互いが満足できる、素晴らしい関係にあるわけだね！

Words and Phrases

- □ **practical**：実際の
- □ **relatively**：相対的に
- □ **mature**：成熟した
- □ **test launch**：テスト販売をする

Columns

地域限定や期間限定と言われるとつい買ってしまうのが消費者の心理です。特に日本は、地域ごとの文化の差や季節ごとの気候の差が大きいため、その付加価値も高く感じられるのではないでしょうか。

***1【地域・期間限定菓子】**

全国販売されている人気菓子を地域・期間限定版にしたもの。地域限定菓子は、その地域の特産物や文化・歴史などに関連を持たせた商品で、駅・空港などで販売されている。たとえば、北海道だとメロン風味、東北だとリンゴ・桃・サクランボ味、近畿だと宇治抹茶味やねぎ焼き味、九州だと明太子味などが代表例。期間限定菓子には季節の旬の食材を利用したもののほか、受験シーズンの縁起ものとして「合格祈願」、「勝つ」などの言葉にまつわる商品も多数ある。最近はコンビニでしか販売されていないコンビニ限定版などもあり、限定商品の領域はますます広がっている。

***2【ご当地○○】**

地域限定ものには「ご当地○○」という名称が付くものが多い。ここでの「ご当地」は「その土地・地域特有の」という意味で、ご当地グルメの他、ご当地検定（ある特定の地域の文化や歴史に関する知識を試す検定：京都・観光文化検定、東京シティガイド検定など）、ご当地ソング（タイトルや歌詞に地方名や地方の風習・文化などに関する事柄を織り込んだもの：知床旅情、中央フリーウェイなど）、ご当地キャラ（主に地域振興のために作られたキャラクター：彦根市の「ひこにゃん」、奈良市の「せんとくん」など）他、様々な種類がある。

***3【味付けの違い】**

日清食品グループの「日清のどん兵衛」シリーズの一部は、東日本向けと西日本向けで味が異なり、前者はカツオだしベースの濃口醤油仕立て、後者は昆布だしベースの薄口醤油仕立てになっており、油揚げの味付けなども両者で濃さが異なる。ちなみに、カップ麺はcup noodleやpot noodleと訳されることが多いがいずれもブランド名。トリビアだが、英語ではnoodleは普通複数形で用いる。日清食品グループのカップヌードルの場合、国内向けはCUP NOODLEとなっているが、海外向けはCUP NOODLESとしっかり複数形になっている。

***4【市場の成熟化】**

商品やサービスが十分に普及し、市場の拡大が望めず、成長率が停滞した市場を言う。そのため、成熟した市場では、より付加価値の高い新商品を継続的に導入する必要がある。

CD1 14

Useful Expressions

have a connection with ～：～と関連がある

connection は「関連」という意味の名詞。類似表現は多く、be connected with [to] ～、have something to do with ～、have to do with ～などと互換性がある。connection の前に、strong（強い）や historical（歴史的な）などの形容詞を置いて、関連のあり方を説明することもできる。

(ex.) The fact that many people avoid swimming in the sea in September has a connection with the prevalence of jellyfish.
9月になると海で泳ぐ人が少なくなるのは、クラゲが発生するからです。

connection を用いた慣用句では、in connection with ～（～に関連して）の形の副詞として使う用法が便利。

(ex.) In connection with the annual sports day, we will be holding a charity bazaar.
毎年体育の日にちなんで、チャリティバザーを開催することになっています。

be influenced by ～：～に影響される

A influences B. で「A が B に影響する」となり、それを受け身にすると、B is influenced by A. となる。なお、influence を名詞で用いる場合、A has [exerts] influence on B.（A が B に影響を与える）の形が一般的。ちなみに、日本語では影響を「与える」と言うが、英語では、この言い回しに give は用いないので注意。

(ex.) Traditional architecture was heavily influenced by the need to let air flow through houses in summer.
伝統的な建築様式は、夏に家中の通気性を確保する必要性に強く影響されていました。

influence は名詞の「影響」の意味から転じて「酒の影響」も表し、under the influence (of alcohol) の形で「酒に酔って」という意味でも用いられる。

(ex.) There are severe penalties in Japan for driving while under the influence of alcohol.
日本では、酒気帯び運転に対して厳罰が課されます。

ふつうにくらす

Living

Topic-8

Old year, new year

"We like to forget the Old Year!"

CD1 15

Dialogue

M Last week, I attended a year-end drinking party. It was a lot of fun, but I've been wondering why such parties are so important to the Japanese.

J Well, we tend to draw a clear line between the Old Year and the New Year. We like to feel that everything will be reset at the turn of the year, our spirits will be renewed, and all the troubles of the past year will fade away.

M I see.

J That kind of party is called a *bonenkai*—literally a "forget-the-year party".

M And then you have New Year parties.

J Ah, yes, *shinnenkai*!

M It seems to me that you just look for any kind of excuse to have a drinking party!

J Ha-ha! Well, that may be true for some people, but there's much more to it than that. For example, the start of the year is thought to be pure after everything has been refreshed, so things done for the first time in the New Year are regarded as important.

M What kind of things do you mean?

J Well, good examples are viewing *hatsu-hinode*, the first sunrise of the year, going out for *hatsu-mode*, the first visit to a shrine or

Words and Phrases

- □ **reset**：リセットする
- □ **fade away**：消え去る、なくなる
- □ **excuse**：言いわけ

トピック-8

ゆく年くる年

「去年のことは“水に流そう”」

Translation

M 先週、年末の飲み会に参加してね。とても楽しかったけど、なんでこんな飲み会が、日本人にとってそんなに重要なのか不思議に思っているんだ。

J そうだな、日本人は旧年と新年の間にきっちり線引きをしたがる傾向があるからね。年が変わると同時にすべてがリセットされて、気持ちも一新できるし、旧年の問題なんかも消え去ってしまうような気にもなるんだ。

M なるほどねぇ。

J その手の会は、忘年会と呼ぶんだ――文字通り言うと、「その年を忘れる会」。

M そして、今度は新しい年の会があるんだね。

J ああ、そうそう、新年会ね！

M 僕からすると、日本人は飲み会の言いわけみたいなものを探しているだけに見えるけど！

J あはは！　そうだな。それに当てはまる人もいるだろうけど、それだけじゃあないよ。たとえば、一年の始まりというのは、すべてが一新されて、まっさらな状態だと考えられているんだ。だから、新年に最初に行うことは重要とされるんだ。

M たとえばどういうこと？

J そうだな…いい例としては、初日の出を拝むことや、神社やお寺に初詣に出かけることや、初夢とかがあるね。新年会も似たような考

Words and Phrases

a temple, and *hatsu-yume*, the first dream of the year. New Year parties are based on a similar idea.

M Is the custom of cleaning up the house at the end of the year connected with that idea?

J Yes, it is. There's the belief that the deities of the year will visit each household to bring fortune—and you wouldn't want to welcome a deity to a messy place, would you?

M Well, no, I suppose not! Are the New Year decorations at the entrance of houses connected with that?

J Yes, they are.

M What else do you do to ensure good fortune?

J Well, on New Year's Eve, it's the custom to eat buckwheat noodles to pray for longevity and good fortune and, around midnight, to listen to the 108 peals of temple bells that represent all the sins of mankind. Then on New Year's Day, there are special New Year dishes called *osechi* and special herb sake called *toso*.

M The traditional customs sound rather restrained.

J That's true, but in fact many people these days like to join a 'countdown party' or spend the New Year holidays overseas just like people in other countries.

M Aha!

Words and Phrases

- □ **be connected with 〜**：〜に関連している
- □ **deity**：神（特に多神教における神）
- □ **fortune**：幸運
- □ **messy**：汚い、散らかった
- □ **ensure**：〜を確かにする、請け負う

えに基づいているんだ。

M 年末に家中をぴっかぴかに磨きあげる習慣も、そんな考えに関連しているの？

J うん、そうだよ。歳神様[*1]が各家庭に幸運を運んでくれるという考えがあるんでね――君だって、散らかった場所に神様をお招きしたくはないだろ？

M まぁ、そりゃそうだ！　あと、家の入口に飾る新年のお飾りもその考えに関連しているのかな？

J うん、そうだね。

M その他にも何か、幸運をもたらすためにしていることはあるかい？

J そうだな、大晦日の日に長寿と幸運を祈って年越しそば[*2]を食べたり、深夜頃には、人間の煩悩を象徴する108回の除夜の鐘[*3]を聞いたりするかな。元旦には、おせちと呼ばれる新年の特別な料理や、屠蘇と呼ばれる特別な薬酒[*4]をいただくよ。

M そういった伝統的な慣習は、何だか地味な感じだね。

J その通りだね。でも実のところ最近は、他の国の人々と同じように、「カウントダウンパーティ」に参加したり、海外で正月休暇を過ごしたりする人も多いんだ。

M へぇ。

Words and Phrases

- □ **buckwheat**：そば粉
- □ **pray for ～**：～を祈る
- □ **longevity**：長生き、長寿
- □ **sins**：罪（本文では煩悩の意に近い。Columns の *3 参照）
- □ **restrained**：控えめな、地味な

Columns

日本の正月は象徴的な儀式が数多くありますが、その起源を知っておくと英語で説明しやすくなります。いくつかのポイントを見ていきましょう。

*1【歳神様】

the deity of the year は「歳神様」（年神、恵方神とも）と呼ばれる神道の神で、一年の初めに各家にやってきてその年の豊穣・幸福をもたらすとされる。門松は歳神様の依代（神霊が寄り付く対象）、しめ飾りは神が依る神聖な領域を仕切るもの、鏡餅は歳神様へのお供えと考えられている。1月1日～3日を三が日、～7日までを松の内（地方によって異なる）と呼び、一般には、12月29日までにあるいは30日に飾り付けをし、1月7日の朝、「七草がゆ」を食べた後に飾り付けを外すことが多い。鏡餅を雑煮や汁粉で食べる「鏡開き」は松の内が7日までの地域では11日に行うことが多い。

*2【年越しそば】

年越しそばを食べる風習は江戸中期あたりに広まったとされる。当時、月末にそばを食べる習慣があり、大晦日の習慣として残ったという説がある。師走ぎりぎりまで仕事をしていた町人たちが仕事を締めくくった後、夜食として簡単に食べることができたことから定着したらしい。年越しそばの象徴的な意味としては、そばのように細く長く生きることを表すとされる。

*3【除夜の鐘】

「除」は、古いものを除き新しいものに代わるという意味があり、大晦日を除日と呼ぶ。除夜はその夜のこと。鐘は108回つかれるが、そのうち107回は旧年中に、108回目は新年になってからつくのが一般的。108は仏教で説く人間の煩悩の数に由来するとされるが、その数え方には諸説あって定説はない。元々、「百八煩悩」や「八万四千の煩悩」などと言われ、108は数が多いことを示すものとされる。なお、「煩悩」の訳語として用いたsinsは、キリスト教においては神のおきてにそむく「罪」を意味するが、概念的には仏教の煩悩に近い。他に、worldly desires（worldlyは「現世の」の意）などとも訳すことができる。

*4【おせち料理と屠蘇】

おせち（御節）料理は元々、季節の変わり目のお祝いである節日（元日、正月15日の上元、3月3日の上巳、5月5日の端午、7月7日の七夕、10月初めの亥の日）に作るごちそうやお供えの餅のこと。現在では正月の祝いの料理のみを指す。屠蘇は中国由来の薬である屠蘇散を酒に浸したもので、年の初めにこれを飲むと、一年の邪気を払って寿命を延ばすとされる。屠蘇散の処方は書物によって異なるが、現在では生薬として年末に一部の薬局・薬店などで入手できる。

Useful Expressions

draw a line (between A and B)：(A と B の間に) 線を引く

A と B を明確に区別するというニュアンスで用いられる。line の前の a は the とすることもある。また、line の前に強調の clear を置いて、draw a clear line とすることも多い。

(ex.) The Japanese tend to draw a line between the politeness they show to those they know and their behaviour towards strangers.
日本人は、知り合いに対する礼儀正しさと、見知らぬ人に対する態度を、区別する傾向があります。

受け身の a line is drawn (between A and B) もよく用いられる。

(ex.) A clear line is drawn between *yoshoku* eaten with Western cutlery and Japanese food eaten with chopsticks.
フォークやスプーンで食べる洋食と、箸で食べる日本料理は、明確に区別されています。

be true for ～：～にも当てはまる

ある事が、他の人や事例などにも当てはまる場合に用いられる。前置詞には、for か of が基本だが、時に with も用いられる。「～にしか当てはまらない」のように意味を強調する場合には、true の前に only を補うとよい。

(ex.) Being strictly vegetarian is only true for some Buddhist priests.
厳密に菜食主義を守っているのは、一部の仏教僧だけです。

true を使った他の有用表現としては、It is true that ～が便利。この場合 it は、that 節を受ける仮主語になる。

(ex.) It's certainly true that many Japanese people can do *seiza* much longer than most foreigners can!
ほとんどの外国人よりも長時間正座をしていられる日本人が多いのは確かな事です。

Topic-9

We love masks!

"Why do so many Japanese wear face masks?"

Dialogue

W Documentaries in other countries sometimes present strange ideas about the Japanese, such as why they wear face masks.

J In what way?

W They used to say it proved how polluted Japan was. More recently, they say it's a protection against infectious diseases or radiation. But isn't it more to do with colds and allergies?

J Yes you're right. In spring, for example, many people wear masks to fight against cedar pollen.

W Why is that such a problem?

J It's a main cause of hay fever here.

W Really? In Britain, it tends to be caused by grass, as the name suggests!

J Well, after World War II, with government encouragement, thousands of acres of fast-growing cedar trees were planted to provide a supply of cheap timber. Those forests are now mature, but the trees aren't being used much for timber because of the logging costs and much cheaper foreign timber.

W So it wasn't a very clever strategy?

J No. In spring, they produce vast amounts of pollen, causing more than a quarter of the nation to suffer from cedar pollen allergy.

W But many people wear masks at other times of the year.

Words and Phrases

- □ **polluted**：汚染された
- □ **protection against ～**：～に対する防御
- □ **infectious disease**：伝染病
- □ **radiation**：放射能、放射線
- □ **allergy**：アレルギー

トピック-9

マスク大好き！

「日本人って、みんなマスクしてるよね」

Translation

W 外国のドキュメンタリーでは、日本人について奇妙な見解を出すことがあるのよ。たとえば、日本人はどうしてマスクをするのか、とか。

J どんなふうに？

W 以前は日本がいかに公害汚染されているかという証しだと言ってたわ。最近だと、伝染病や放射線に対する防御だとか。でもあれって風邪やアレルギー対策なんでしょ？

J その通りだよ。たとえば春は、スギ花粉対策としてマスクをする人が多いね。

W どうしてスギ花粉がそんなに問題なの？

J 花粉症*1の主な原因なんだ。

W 本当？　英国では、その名の通り、干し草が原因だけど。

J 第二次世界大戦後、日本政府の奨励で、安価な建材を供給するために成長の早いスギ*2が広範にわたって植えられたんだ。それらの森林は生長したけど、伐採の費用が高いし、また輸入建材の方がはるかに安いから、建材としてはあまり使われていないのが現状なんだ。

W つまり、あまりいい計画じゃなかったわけね？

J そう。春になると、その杉林から膨大な量の花粉が飛んできて、国民の4分の1以上がスギ花粉アレルギーに悩まされるんだ。

W でも、春でなくても、マスクをしている人が大勢いるわ。

Words and Phrases

- □ **cedar pollen**：スギ花粉
- □ **hay fever**：花粉症、干し草
- □ **timber**：木材、建材
- □ **mature**：成長しきった、発育充分な
- □ **logging**：伐採

Topic-9
We love masks!
"Why do so many Japanese wear face masks?"

J Well, more and more people are suffering from various kinds of allergy, and there's a belief that masks provide some protection against airborne allergens. They're also said to prevent the spread of influenza, which is a problem every winter.

W But are masks really effective?

J I think they help to keep germs from spreading, and they provide warmth and moisture in the dry air of autumn and winter. That's why I like them. Filtering functions have increased greatly, and some hi-tech masks now respond to various kinds of allergens and viruses. There's even a mask that uses static electricity to absorb small particles.

W Oh, I want one of those! So masks are big business?

J Yes. They're one of the most popular items at drugstores. There's one other use of masks related to the problem of social withdrawal. An increasing number of teenagers have taken to wearing them all day long from the moment they wake up till they go to bed.

W As something to hide behind?

J Exactly. Experts say teenagers get exhausted from constantly communicating with their friends through mobile text messages and e-mails, and wearing a mask provides relief. It may also reflect their growing social insecurity caused by economic worries and political instability.

W Hmm. That's rather disturbing!

Words and Phrases

- □ **airborne**：空気で運ばれる，風媒の
- □ **allergen**：アレルギー物質
- □ **germ**：細菌、病原菌
- □ **respond to** ～：～に反応する
- □ **static electricity**：静電気
- □ **social withdrawal**：引きこもり

トピック-9

マスク大好き！

「日本人って、みんなマスクしてるよね」

J うん。いろいろな類のアレルギー*3に苦しむ人が増えているし、マスクは空気が運んでくるアレルギー物質を防ぐのに有効だという考えがあるんだ。それに、毎年冬になると問題になる、インフルエンザの予防にもなると言われているしね。

W でも、マスクって本当に効果があるの？

J マスクで細菌の拡散を防ぐことは可能だと思うよ。それに、乾燥する秋冬には暖かさと潤いをもたらしてもくれるしね。だから僕は気に入ってるよ。フィルター機能は大幅に向上しているし、中には様々なアレルギー物質や細菌に反応するハイテクマスク*4もある。静電気を利用して微粒子を吸収するものまであるんだよ。

W へえ、私もそれは1つ欲しいわ！　つまり、マスク市場はとても大きいのね？

J うん。マスクはドラッグストアの人気商品のひとつだよ。その一方で、引きこもり問題と絡んだ別の使い方もあってね。起きてから寝るまで一日中マスクをつけたままのティーンエイジャーが増えているとか。

W （顔を）隠すため？

J そうなんだよ。専門家によると、ティーンエイジャーは友人と携帯メールやＥメールで常にコミュニケーションを取ることに疲れきってしまっていて、マスクをつけることで安心するらしいんだ。経済不安や政情不安のせいで、彼らの社会不安が増大していることを反映しているのかもしれないね。

W へえ〜。それはとても心配だわね。

Words and Phrases

- □ **take to** 〜：〜が習慣になる
- □ **get exhausted from** 〜：〜に疲れてくる
- □ **relief**：安堵、安心
- □ **insecurity**：不安
- □ **instability**：不安定
- □ **disturbing**：邪魔な、不安にさせる

Columns

春先に花粉症予防にマスクをつける光景は日本ではおなじみですが、外国人の目には奇妙に映るようです。

*1【花粉症】

英語では hay fever と言うが、原義は hay（干し草）が引き起こすアレルギー症状の意味。広く、草や花が原因のアレルギーを指し、病理学用語では花粉が引き起こす炎症の意味で pollinosis と呼ばれ、特にスギ花粉が原因の花粉症は pollinosis of cedar と呼ばれる。スギ花粉症はスギの分布が少ない欧米では稀にしかみられない。

*2【日本の森林】

日本の自然林は太平洋戦争末期まで乱伐が続いたが、戦後の復興期に木材需要が高まり、農林水産省の拡大造林政策の下、成長の早いスギやヒノキが集中的に植林された。苗木は密集的に植えられ、成長の悪いものを間伐して森林へと育てる。日本では、高度経済成長期あたりから林業が衰退し、間伐が行われずに放置されている森林が多い。間伐が行われなくなると木に十分な養分が行き渡らず、また、常緑の針葉樹の場合、地面に太陽光が当たらなくなり、他の動植物が繁殖できずに森林全体が劣化してしまう。また、日本は山地が多いため、傾斜角度が大きい山の斜面に植林が多く見られる。間伐されない森林は多大な重量を斜面にかけることになり、土砂崩れなどが頻発する結果を招くなど、花粉症以外にも様々な問題が発生している。現在、日本の森林のうち、約4割が人工林、約5割が天然林で、残り1割は竹林など。人工林のほとんどは針葉樹で、スギは人工林の半分近くを占めており、スギ、ヒノキ、カラマツの3樹種で全体の9割近くを占める。一方、天然林の約8割は広葉樹が占めており、多様な樹種構成となっている。

*3【増加傾向のアレルギー】

アトピーを含めアレルギー患者の数は年々増加傾向にあり、厚生労働省の調査では、日本人の3人に1人が何らかのアレルギー症状を抱えていると報告されている。その原因については、ダニやペットの毛などを含むアレルゲンの増加、肥満などを引き起こす食生活の変化、免疫反応を弱める環境汚染、ストレスの他、衛生仮説（細菌や寄生虫の感染症の減少でアレルギーが増加するという仮説）や腸内細菌環境の変化（抗生物質などによる腸内細菌の弱体化）などが挙げられている。

*4【ハイテクマスク】

一般的なマスクはガーゼまたは不織布を何枚か重ねたもの。一方、ハイテクマスクの多くは立体型で、マスクの縁にアルミなどの芯を入れて顔の形に合わせて変形できるようにしてあり、顔とマスクの隙間から微粒子が侵入するのを防ぐ。また呼吸や電池で静電気をフィルターに帯びさせて微粒子を吸着するマスクも登場している。

CD1 18

Useful Expressions

provide：～を供給する

必要を考えて、あらかじめ準備して何かを供給する場合に用いる。同義語に supply があるが、こちらは単に足りないものを補充する場合に用いる。「A を B に与える」のように目的語を 2 つ取る場合、provide B with A = provide A for B のように前置詞の使い方で目的語が入れ替わるので注意。ちなみに、次の例文の for は二重目的語を取るためのものではなく、「～のために」のニュアンスの副詞句を作っている。

(ex.) Most local government offices provide reading glasses for the use of customers.
地方自治体の役所のほとんどが利用客のために老眼鏡を用意しています。

受け身の provided by の形にして形容詞句として名詞の後ろに置く用法も便利。

(ex.) You can use the disposable chopsticks and toothpicks provided by restaurants free of charge.
食堂で用意されている割り箸や爪楊枝は無料で使うことができます。

an increasing number of ～：ますます多くの～

a number of ～は「多くの～」の意味だが、number の前に increasing を挿入すると「ますます多くの～」の意味になる。いずれの場合も、of 以下には複数形の可算名詞を持ってくる。なお、この形では、文の主語は of 以下になるため、動詞も複数で呼応することになる。

(ex.) An increasing number of young people are eating sushi at cheap chain restaurants.
寿司を安いチェーン店で食べる若者がますます多くなっています。

一方、the number of ～のように number の前を定冠詞にすると、「～の数」という意味になり、文章にする場合には the number が主語になる。したがって、number が単数であれば、動詞は単数で呼応する。

(ex.) The number of foreigners climbing Mt. Fuji has steadily increased.
富士登山をする外国人の数は増え続けています。

Topic-10

Train passengers

"Why do so many people sleep on trains?"

CD1 19

Dialogue

M Most foreigners are impressed by Japanese trains—so frequent, so punctual, and so clean. And what people do on trains is very interesting .

J Such as?

M Well, for example, why do so many people sleep on trains? Some people even do it standing up!

J Ah. A major reason is that many people have long commutes, often more than one hour in Tokyo and Osaka, and also work long hours. If you're lacking enough sleep, the train's a perfect place to take a nap.

M And they generally wake up at the right station! But aren't they worried about pickpockets?

J Well, pickpockets and thieves do exist, but the risk of having anything stolen on a train is lower than in most other countries.

M I must agree Japan is relatively safe. A friend left his bag on the train rack, but someone took it to a lost and found office, and he got it back.

J Yes. There's a reasonable chance you'll find lost items in Japan. You can make inquires to railway companies by phone. It's a good idea to remember exactly where you were on the train and what time train it was. You can even search for lost things on an Internet site provided by the police.

Words and Phrases

- ☐ **be impressed by** ～：～に感心する、感動する
- ☐ **frequent**：頻繁な（本文では電車の本数が多いことの意）
- ☐ **punctual**：時間厳守の
- ☐ **commute**：通勤、通学
- ☐ **take a nap**：仮眠する、うたた寝する

トピック-10

電車というスモールワールド

「立ったまま寝てる人がいる！」

Translation

M たいていの外国人は、日本の電車に感激してしまうね。本数は多いし、時間も正確[*1]、それにとてもきれいだし。それに、電車に乗っている人の様子もとても面白い。

J たとえば？

M たとえば、電車で寝ている人がなぜあんなに多いんだい？　立ったまま寝ている人までいるよ！

J あぁ。大きな理由は、通勤時間が長い人が多いからだよ。特に東京や大阪では1時間以上なんでざらだし、それに労働時間も長いしね。睡眠時間が足りないときは、電車が仮眠するのにピッタリな空間なんだ。

M しかも、たいてい降りる駅でちゃんと起きるんだね！　でも、スリの心配はないのかい？

J そうだね、確かにスリも泥棒もいないわけじゃないけど、電車内で何かを盗まれる危険性は、他国に比べると低いね。

M 日本が比較的安全だという意見には賛成だよ。ある友人が、カバンを電車の網棚に忘れてしまったんだけど、誰かがそれを遺失物取扱所[*2]に届けてくれて、カバンは無事戻ってきたんだ。

J そうだね。日本では失くし物が見つかる可能性は結構高いね。鉄道会社に電話で問い合わせできるし。どの車両で何時の電車だったかはっきり覚えておくといいよ。警察が提供しているインターネットサイトでも、失くし物を調べることができるよ。

Words and Phrases

- ☐ **pickpocket**：スリ
- ☐ **thief**：どろぼう
- ☐ **the risk of ～**：～の危険性
- ☐ **lost and found office**：遺失物取扱所、忘れもの保管所
- ☐ **make inquires to ～**：～に尋ねる

Topic-10

Train passengers

"Why do so many people sleep on trains?"

M That's so efficient. It also seems to me that manners on trains are rather strict—like those announcements warning against using mobile phones. Is talking on the phone any different from chatting to a friend?

J Well, when mobile phones first became common, there was a lot of controversy regarding the etiquette of their use on trains. The accepted rule today is to use the silent mode, refrain from talking, and switch the phone off near the priority seats for the safety of people using a pacemaker.

M Well, that's reasonable enough. Another surprising thing—although I'm not sure whether it's really a matter of manners or not—is young women doing their makeup on the train. Don't they have time to do it in private? To me, that's like shaving or clipping your nails in public—not good!

J I must admit it's a common sight these days. Actually, many older people frown on it, but it doesn't harm other passengers, so they try to ignore it.

M Well, as long as they don't get lipstick on my shirt when the train jolts!

Words and Phrases

- □ **efficient**：効率のよい
- □ **strict**：厳しい、徹底的な
- □ **warning against ～**：～に対する警告・注意
- □ **controversy**：論争
- □ **accepted rule**：一般的に認められたルール
- □ **refrain from ～**：～を控える
- □ **priority seat**：優先席
- □ **do (one's) makeup**：化粧をする

トピック-10
電車というスモールワールド
「立ったまま寝てる人がいる！」

M すごく効率がいいね。また、電車内でのマナーにも厳しく思えるね。携帯電話の使用禁止を警告する車内アナウンス[*3]とか。電話で話すのは、友達と話すのと何か違うのかい？

J そうだな、携帯電話が最初に普及し始めたころ、電車内での使用のエチケットについて、かなり多くの論争があったんだ。現在誰もが納得しているルールとしては、マナーモード設定での使用、通話は控える、ペースメーカーを使用している人の安全のために優先席付近では電源を切る、といったものだね。

M うんうん、それはごもっともだね。他にもびっくりしたことがあって――これが本当にマナーの問題なのかどうかはわからないけれど――若い女性が電車内で化粧をしている[*4]んだ。人目につかない所で化粧する時間もないのかな？　自分に置き換えると、人前でひげを剃ったり爪を切ったりするようなものだよ。良くないと思うなぁ！

J 正直言って、最近多く見かける光景だね。実際、多くの年配者は眉をひそめるけど、他の乗客に危害を加えるわけでもないから、なるべく無視するようにしているだけじゃないかな。

M そうだね、電車が急に揺れたはずみで、彼女たちの口紅が僕のシャツにつかない限りはね！

Words and Phrases

- □ **in private**：こっそりと
- □ **shaving**：ひげを剃ること
- □ **clip (one's) nails**：爪を切る
- □ **in public**：公共の場で
- □ **frown on ～**：～に眉をひそめる
- □ **harm**：～に危害を加える
- □ **ignore**：～を無視する
- □ **jolt**：急に揺れる

Columns

日本の電車の正確さは外国人の目にクールに映るようです。その背景事情や電車の中の日本らしい光景も話題にすると面白い説明になります。

*1【電車の正確さ】

海外では30分以下程度の遅延は許容範囲とされるが、日本では15～30秒程度の遅延を許さない傾向にある。その理由としては、特に大都市などの人口 鉄道業者間での直通乗り入れ路線が増えたこともあり、必然的に定刻発車に対するニーズが高くなる。さらには、日本では駅が比較的多くて駅間の距離が短く、到着駅ごとに頻繁に時間が微調整されていくため、誤差が生じにくくなるとも言われる。一方、電車が遅延した場合に遅延証明書が発行されることや、大幅な遅延の場合にはニュースになることも日本独特の事情である。

*2【遺失物取扱所】

遺失物の拾得者に関する法律は国によって異なるが、日本では遺失物法によって、拾得者は、速やかに、拾得をした物件を遺失者に返還するか、または警察署長に提出しなければならないと定められている。したがって、各鉄道は忘れ物の一時的な保管所ということになる。遺失物は各鉄道で数日間保管された後、東京都及びその近郊の鉄道だと警視庁の遺失物センターに送られる。電話による問い合わせやインターネットによる遺失物の検索も可能。遺失物のトップ3項目は、衣類、傘、証明書類。

*3【電車のマナー】

日本ではマナーに関する車内放送や広告が多い。電車や駅におけるマナー違反に関して日本人は個人が個人を注意することが少ない。日本人はこのような忠告を個人攻撃と受け止める傾向があり、暴力事件などを引き起こすケースも多いからである。そのため、迷惑行為に対する苦情は鉄道会社に寄せられることが多く、鉄道会社は車内放送や広告という手段に拠ることになる。車内放送や広告は公的な忠告として受け止められ、それに違反する人は周囲全体から白い目を向けられることになる。事実、ある鉄道会社では、マナー違反の広告を出し始めて迷惑行為に関する苦情が減少したという。

*4【電車での化粧】

マナーとして是非論が分かれている。他の乗客に迷惑をかけるわけではないので可とする意見がある一方、化粧の匂いや粉末が飛んでくる、急ブレーキの際に化粧道具が他の乗客に触れるなどの実害を及ぼすという反対意見がある。他に実害がなくても、「見苦しい」「身だしなみは家でやるべき」という意見も多いようだ。

Useful Expressions

be impressed by ～：～に感銘を受ける

物事や人を賞賛する時に用いる表現。impressは「～に感銘を与える」という意味で、このように受け身で使うことが多い。その場合、byの代わりに、atやwithも用いることもできるが、文法的には、byを使った場合が受け身であるのに対し、atやwithを用いた場合はimpressedが形容詞化していると考えられる。

(ex.) Foreigners are invariably impressed by the cutting skills of Japanese chefs.
外国人は決まって板前の包丁さばきに感心します。

形容詞形はimpressiveで、「印象的な」「感銘深い」の意味。特に、堂々とした景観や荘厳な儀式などに用いられることが多い。

(ex.) The automatic doors are an impressive feature of Japanese taxis.
日本のタクシーに自動ドアが付いているのは、非常に印象的です。

be worried about ～：～について心配している

worryは自動詞で「心配する」、他動詞で「心配させる」という基本語義。語義上は、自動詞のworry about ～と受け身のbe worried about ～が近くなるが、worry about ～が常に何かについて心配している継続的な状態を示すのに対し、be worried about ～はその状態から生じる今現在の不安や不快感などを意味する。

(ex.) The thing most young people are worried about is forgetting to carry their mobile phone.
若い人たちは、携帯電話を持ち忘れないようにすることを何よりも気にしています。

worryを「人を悩ませるような」という意味の形容詞形にする場合、英国英語ではworrying、米国英語ではworrisomeを用いる。

(ex.) One worrying feature of life in Japan is the constant threat of earthquakes.
日本での生活でひとつ心配なのは、いつ地震が起こるかわからないということです。

Topic-11

Vending machines

"Why are there so many vending machines?"

Dialogue

M There are some things on Japanese streets that I love and you don't see in Britain! Can you guess what they are?

J Hmm. Telegraph poles? Bonsai? Fruit and vegetable displays?

M No, vending machines.

J Aha!

M There are so many of them, and they're so convenient!

J That's true. There are more than five million around the country.

M That's incredible! But how come nobody steals them or breaks into them for the money or their contents?

J Well, I'm glad to say that vandalism and theft are not so frequent in Japan. And the machines are strong and equipped with an alarm system. The latest types are connected with the operator through a LAN system, which functions as a security system and monitors sales and inventory.

M Only in Japan! But why are there so many?

J The answer's quite simple: they're very convenient, for the space owners, the vendor service companies, and the customers. Moreover, running costs are low, while management is not so cumbersome.

M But is there sufficient demand?

J Yes, particularly for drinks, because of the vast number of train commuters. It's faster to buy a drink on the move than from a shop.

Words and Phrases

- ☐ **telegraph pole**：電柱
- ☐ **vending machine**：自動販売機
- ☐ **break into ～**：～に押し入る
- ☐ **vandalism**：（公共物などの）破壊

トピック-11

自動販売機

「なんでも自販機で買える国！」

Translation

M 日本の路上には僕が大好きで、英国では見かけないものがあるんだ。何だか分かる？

J う～ん。電柱？　盆栽？　果物や野菜の陳列棚のこと？

M いいや、自動販売機。

J あ～！

M 本当にたくさんあるよね、それにとても便利。

J 本当にそうだね。日本国内に500万台以上ある[*1]そうだよ。

M すごいな！　でも、自動販売機を盗むとか、販売機を壊して商品やお金を盗むとかする人がまったくいないのはなぜだろう？

J そうだね。日本では破壊行為[*2]や盗難が少ないのは嬉しいことだな。それに販売機自体も頑丈で警報装置も備えているし。最新式のものはLANシステムでオペレーターに繋がっていて、それによって防犯と売上在庫管理ができるんだ。

M 日本だけだよ！　それにしても、なぜこれほどたくさんあるんだろうね？

J 答えは簡単。便利だからだよ。設置場所の地主にとっても、販売会社にとっても、それに買う側にとっても。維持費が低いのに対して、管理はそれほど煩雑ではないしね。

M でも需要は充分にあるのかな？

J ああ、特に飲み物はね。膨大な数の電車通勤客のおかげだね。移動中にお店で飲み物を買うよりもスピーディだから。

Words and Phrases

- □ **be equipped with ～**：～が備えられている
- □ **alarm system**：警報装置
- □ **inventory**：在庫（数）
- □ **cumbersome**：煩雑な

Topic-11
Vending machines
"Why are there so many vending machines?"

M But they must eat up loads of electricity. Who pays?

J The space owner. However, the latest machines use less power and some have an energy-saving function.

M Does anyone object to them spoiling the look of streets?

J Sometimes, yes, since they're often installed in conspicuous places for business and security reasons. But other people appreciate the fact they light up dark streets.

M There are machines for all kinds of commodities, right?

J Yes. Roughly half sell drinks. Others sell snacks, cigarettes, newspapers, magazines, beer, whisky, batteries—almost anything you can think of. I've even seen machines for fresh flowers, underwear and bags of rice. And many fast-food restaurants have vending machines selling meal tickets at the entrance.

M Isn't there a problem with youngsters under the legal age purchasing cigarettes and alcohol?

J It used to be a problem, but now you can't operate machines selling alcoholic drinks between 11 p.m. and 5 a.m. unless they have an age recognition system. As for cigarette machines, you need a card certifying you're 20 or over.

M It's also good you can pay with notes and get change.

J Yes. These days, you can also use 'e-money' via smart cards and mobile phones.

M Oh, so hi-tech!

Words and Phrases

- □ **eat up**：～を消費する、～がかかる
- □ **loads of ～**：たくさんの～、大量の～
- □ **spoil**：台無しにする
- □ **install**：設置する
- □ **conspicuous**：目につきやすい、人目をひく
- □ **commodity**：商品、品物

トピック-11
自動販売機
「なんでも自販機で買える国！」

M でもかなり電力がかかるだろう。誰が支払うのかい？

J 地主が払うことになるね。とは言っても、最新式のものは電気もそんなに使わないし、省エネ機能が付いたものもあるよ。

M 通りの景観を損なうからと、反対する人もいるんじゃない？

J ときどきだけどいるね。売上のためや防犯上の理由から、人目に付く場所に設置されていることが多いからね。でも、自動販売機が暗い夜道を照らしてくれて、ありがたいと言う人もいるよ。

M あらゆる種類の商品を売る販売機があるよね？

J うん。半分くらいは飲み物を売っている[*1,*3]かな。他には軽食やタバコ、新聞、雑誌、ビールにウイスキー、電池など…思いつくものほとんど何でも扱っているよ。生花や下着、米の販売機も見たことがある。それからファーストフードのお店では、入り口のところで食券の自動販売機を置いていることが多いね。

M 未成年が、タバコや酒を購入してしまうという問題はないの？

J かつてはそういう問題があったけど、今は夜11時から朝5時までは、年齢確認システムのない酒類の自動販売機は使えなくなっているんだ。タバコの販売機については、20歳以上であることを証明するカード[*4]がないと買えないようになっている。

M 紙幣で払っても、ちゃんとお釣りがもらえるのもいいよね。

J そうだね。最近は、スマートカードや携帯電話を使ってe-マネーで払うこともできるんだ。

M お〜、すごいハイテク！

Words and Phrases

- □ **the legal age**：法定の年齢
- □ **age recognition system**：年齢認証システム
- □ **certify**：〜を証明する
- □ **note**：紙幣
- □ **change**：お釣り
- □ **via 〜**：〜経由で、〜を使って

Columns

自動販売機は日本の街並みを特徴づけるアイテムのひとつ。そもそも儲かるのか、また、飲料、たばこ以外の嗜好品の販売や、消費電力の問題などについて知りたい外国人も多いようです。

*1【自動販売機の台数と取扱商品】

日本には約529万台の自販機および自動サービス機が存在する。内訳としては、約259万台が飲料自販機、約125万台が自動サービス機、約36万台がたばこ自販機、約75,000台が食品自販機、約4万台が券売機となっている。飲料自販機のうち84%は清涼飲料であり、酒やビールを扱う自販機は1%程度である。リーマンショック以降、以前よりも積極的に不採算販売機が撤去される傾向がみられ、緩やかではあるが台数は減少傾向にある。

*2【公共物破壊行為】

英語ではvandalismと呼ばれる。語源は、北アフリカにバンダル王国を建てて5世紀にローマを略奪したバンダル族（the Vandals）特有の気質・行為などに由来し、転じて公共物や芸術・文化の破壊行為を示すようになった。

*3【自動販売機の売上】

自動販売機、および自動サービス機（コインロッカーなど）による年間売上額は、2010年の1年間で約5兆4千億円。2008年のリーマンショックの影響を受けて売り上げが急激に落ち込んだ2009年よりは若干増加したものの、2000年では7兆円以上の売上があったことを考えると、全体としては減少傾向にある。売上における商品別の内訳は、飲料で約43%、券売で約35%、たばこで11%となっている。

*4【taspoについて】

導入の契機となったのは2005年2月に発効した「たばこ規制枠組み条約」。これにより、自動販売機で未成年がたばこを購入するのを防ぐ義務が締結国に課せられたことによる。日本では2008年7月以降、taspo対応の自動販売機でたばこを購入するにはtaspoによる成人識別が必要となった。

taspoは未成年者による自動販売機でのたばこ購入防止に貢献する一方、課題も多いと言われている。たとえば、他人のtaspoで購入できてしまうという点（taspoの貸与・譲渡等は規約で禁じられているものの、違反が判明してもtaspoの利用停止程度の措置しかできない）や、対面販売ではtaspoは不要のため、年齢確認を徹底して行えない点などが挙げられる。そもそも、未成年者喫煙防止に本気で取り組むなら、自動販売機でたばこを売らなければいいのでは、という指摘もある。

参考文献

「自販機普及台数及び年間自販金額　2010年版」（日本自動販売機工業会発行）

CD1 22

Useful Expressions

function as ～：～として機能する

function は名詞で使うと「機能」の意味だが、このように動詞として使うこともできる。function だけだと、「作動する」という意味で、The system is now functioning.（そのシステムは現在作動中である）のような使い方をするが、as ～を伴って「～として機能する」「～としての役割・職務などを果たす」の意味で用いることができる。

(ex.) Smart phones also function as mini-computers.
スマートフォンはミニパソコンとしても機能します。

形容詞形は functional で、「実用的な」「便利な」の意味。

(ex.) Modern Japanese toilets not only look smart, they are also extremely functional.
最近の日本のトイレは、おしゃれなだけでなく、非常に機能的でもあります。

be ～ or over：～以上

日本語の「○以上」は○の数値を含むが、英語の over ～は「○を超えた」の意味で、○の数値は含まれない。そのため、「○あるいは○を超えた」という言い方になる。例えば、「２個以上」は、one or more、「18 歳以上」は、18 or over と言う。ただし、数値が大きい場合や小数点を含む実数である場合、事実上「○以上」と「○を超えた」は誤差が少なくなり、「○以上」と over ～を同義で使うことも多い。

(ex.) To ride on this roller coaster, your height must be 140 centimetres or over.
このジェットコースターに乗るには、身長が 140cm 以上でなければなりません。

逆に、「○以下」は be ～ or less [under] となる。なお、日本語には「○未満」という言い方があるが、その場合は、less than ～や under ～でよい。

(ex.) The paddling pool can only be used by children aged 6 or less.
子供用プールは6歳以下の子供だけが利用可能です。

Topic-12

Wise toilet devices

"Heated seats are cool!"

CD1 23

Dialogue

W Rather than commenting on the food or the dirty buses and trains, many Japanese visiting Britain these days complain about the lack of shower toilets!

J Ah, yes. In recent years, many sophisticated toilet devices have come into use in Japan. At least 70 per cent of households are now equipped with a shower toilet—some of them with a drier function.

W I can see their attraction.

J What other hi-tech functions do you like?

W Heated seats are really cool, of course, and seats that automatically lift as you approach so you don't have to touch them. But I'm not convinced about those devices that make flushing sounds.

J You see, the Japanese are very conscious of people around them. Making any noise in the toilet that others could hear is regarded as very embarrassing, especially by women. As a result, many women flush the toilet several times, and that wastes water.

W I see. So the devices save water?

J Yes. There's even a portable device available now for personal use.

W I think I can manage without one of those! But I must say toilets in places like department stores and hotels, even convenience

Words and Phrases

- ☐ **shower toilet**：シャワー付きトイレ
- ☐ **sophisticated**：多機能な
- ☐ **device**：機器、装置
- ☐ **come into use**：使われ始める、使われるようになる
- ☐ **be equipped with ～**：～が備えられている
- ☐ **attraction**：魅力、引きつけること
- ☐ **heated seat**：保温便座

トピック-12

日本のトイレ、最新事情

「あったか便座って、ステキよね！」

Translation

W 食事とか電車やバスの汚さよりも、イギリスを訪れる多くの日本人観光客が最近愚痴っているのは、シャワー付きトイレが少ない[*1,*2]っていうこと！

J あ～わかるなぁ。ここ数年、たくさんの高機能付きトイレ装置が日本では使われるようになってきているからね。少なくとも70％の家庭にはシャワー付きトイレがあるそうで、中にはドライヤー機能が付いたものもあるんだ。

W その魅力は分かるわ。

J その他だと、どんなハイテク機能がお気に入り？

W 暖房便座はもちろん本当にいいわね。それに近づくと自動的にふたが開く便座は、手で触れなくて素敵。だけど、洗浄音が出る装置[*3]の意味はあまり分からないわ。

J ご存知の通り、日本人は周囲の人を非常に意識するんだ。トイレで他人に聞こえるような音を立ててしまうなんて、すごく恥ずかしいことなんだよ。特に女性にとってはそうだね。結果的に、多くの女性が何度もトイレの水を流すから、水の無駄遣いになってしまうわけ。

W なるほど。ということは、その装置が節水に役立つわけね？

J そう。最近では個人用の携帯式もあるんだ。

W 私自身は、そんなのなくても何とかなりそうだけど。でも、デパートやホテル、コンビニのトイレまでもがぴかぴかね。

Words and Phrases

- □ **lift**：上がる
- □ **be convinced about** ～：～に納得している
- □ **flushing sound**：（機械による）洗浄音
- □ **be conscious of** ～：～を意識している
- □ **embarrassing**：恥ずかしい
- □ **manage without** ～：～がなくてもどうにかなる

stores, are immaculately clean.

J Well, there's a tendency to judge a business's service quality by how clean its toilets are. The idea is that toilets get dirty easily, so an organization that keeps them spotless probably offers impeccable services.

W How about private homes?

J There's a traditional belief that a clean toilet brings good fortune.

W How did that start?

J According to one story, when you start to live somewhere, seven deities will come to reside with you. The first arrival settles in the best room, the second in the second best, and so on. The last arrival has to reside in the toilet, the only room left unoccupied. But that deity was the last because he or she was bringing more treasures and good fortune than the others. So if you keep the toilet clean, you will be rewarded accordingly.

W That's a very charming story. So you're even superstitious about toilets?

J Yes, but there's a good reason. Infectious diseases can easily spread in Japan's hot and humid summers, so keeping toilets clean has always been a wise thing to do. And general cleanliness is never a bad thing, right?

W Anyway, I think Japanese toilets are cool—as long as they're Western-style!

Words and Phrases

- ☐ **immaculately**：汚れひとつない
- ☐ **impeccable**：申し分のない
- ☐ **deity**：神
- ☐ **reside**：住む
- ☐ **settle**：住む、定住する
- ☐ **unoccupied**：空いている、使われていない

J そうだね、トイレがどれだけキレイかで、サービスの質まで判断する傾向があるからね。トイレはすぐに汚くなってしまうから、トイレを汚れひとつなくきれいにしておく組織は、申し分のないサービスを提供できるだろうという考えだね。

W 個人のお宅はどうなの？

J きれいなトイレには幸運が宿るという考えが昔からあるんだ。

W その発想はどんなところから来ているの？

J 一説によると、[*4] どこかに住むことになったとき、7人の神様が住みつくことになるんだとか。最初に来た神様がいちばんいい部屋に住み、２番目に来た神様は２番目にいい場所に、という要領で、最後に来た神様は、唯一空いているトイレに住まなければならなくなるわけ。だけどその神様は、他の神様よりもたくさんの宝と幸運を持ってくるので、一番遅くなってしまったという説。だから、トイレをきれいにしておくと、その分だけご褒美がもらえるというわけ。

W それはとっても素敵な話。つまり、日本にはトイレにも迷信があるのね？

J そうだけど、納得のいく理由もあるよ。日本の高温多湿な夏の気候では、伝染病がかんたんに広がってしまうんだ。だからトイレを清潔にしておくのは常に賢い選択だよね。それに何につけきれいにしておくことは決して、悪いことではないでしょ？

W とにかく、日本のトイレはすごいわ――洋式である限りは、だけどね！

Words and Phrases

- □ **reward**：～にご褒美を与える
- □ **accordingly**：それに応じて
- □ **charming**：素晴らしい
- □ **superstitious**：迷信を信じる
- □ **infectious disease**：伝染病

Columns

来日する外国人にとって日本のトイレはとてもクールだと感じるようです。シャワートイレの背景やトイレに関する迷信などが面白い話題となりそうです。

*1【温水洗浄便座の英語名】

日本では初めて温水洗浄便座を発売したTOTOの登録商標であるウォシュレットや、INAXの登録商標であるシャワートイレなどと呼ぶことが多いが、英語では定訳が存在しない。bidet（ビデ）と呼ぶこともあるが、bidetは主にフランスに見られる小型シャワーで温水洗浄便座とは根本的に異なる。一般には、washletやshower toiletと説明した方が理解しやすい。

*2【外国には温水洗浄便座が少ない?】

欧米にはトイレに電源がない場合が少なくないことや、欧州では一般に定格電力が単相230Vなどと比較的電圧が高いため、トイレに電気製品を設置することが難しいなどの事情があり、温水洗浄便座の普及率は日本に比べるとどうしても低くなってしまう。また、日本の水が軟水（カルシウム、ナトリウム、カリウムなどのミネラル成分が1リットル中100mg以下）であるのに対し、ヨーロッパは多くが硬水（200mg以上）であるため、ノズルが目詰まりしてしまうという懸念があるなどの理由もあるらしい。

*3【トイレ用擬音装置】

ある調査では女性がトイレを使用する際に半数近くが排泄音が気になると述べている。また、水を流す回数は男性が1回であるのに対し、女性は平均2回以上であり、消音が目的と回答している。擬音装置は周囲の目や耳に敏感な日本人女性の需要に合っており、また、節水効果も高いことから普及率が伸びている。

*4【トイレの神様】

会話で述べているトイレの神様は、五大明王の一尊に数えられる烏枢沙摩（うすさま）明王のこと。古くから御不浄（トイレ）は魔物の出入り口と考えられており、烏枢沙摩明王には不浄を清浄に転じさせる力があるとされることから、トイレに烏枢沙摩明王を祀ることが多かった。一説によると、家を新築すると7つの神がやってくるとされ、各神はやってきた順に家の中で快適な場所を選んでいく。最初の神は応接間、次の神が玄関、続いて居間、寝室、台所、風呂・洗面所と続き、最後に烏枢沙摩明王が来た時にはトイレしか残っていないためトイレを選ぶことになる。烏枢沙摩明王が最後に来る理由として、美人で化粧に時間がかかったという説と、宝物を詰めた重い荷物を背負っていたからという説があり、そこからトイレを綺麗にしておくと見返りとして美人になる、あるいは、財宝を分け与えられて豊かになるという説が生まれたらしい。

CD1
24

Useful Expressions

be equipped with ～：～が装備されている

equip A with B の形で、「A（人や物）に B を取り付ける」の意味になり、B には必要な道具（tool）や設備（equipment）などを持ってくる。受け身は be equipped with ～となる。

(ex.) Most modern trains are equipped with automatic braking systems.
最近の列車にはたいてい、緊急時用自動ブレーキが設けられています。

equip の名詞形の equipment（設備）は、仕事や作業などに用いられる特定の目的を持ったものを集合的に指すため、通常不可算名詞として扱われる。

(ex.) Firefighting equipment is provided in every train carriage.
車両ごとに消火器が備えられています。

be conscious of ～：～を意識している

conscious は「意識があって」の意味。He became conscious. と言うと「彼は意識を取り戻した」の意味になる。be conscious of ～の形にすると、「～を意識している」「～に気付いている」という意味になる。反意語は、be unconscious of ～「～に気付いていない」となる。

(ex.) Sumo wrestlers must remain conscious of where their feet are relative to the straw bales around the ring.
相撲の力士達は土俵周りの俵に対して、自分の足がどの位置にあるかを常に意識している必要があります。

conscious は、self-conscious（自意識の強い）や money-conscious（金に執着した）など、名詞・形容詞・副詞などを伴って複合語を作ることもできる。

(ex.) Schoolchildren are now taught to be more environmentally-conscious.
いま学校の児童たちは、環境への意識を深めるよう教育されています。

Topic-13

Comics

"Are there really lots of manga for adults?"

CD1 25

Dialogue

M The word 'manga' is well known around the world nowadays, associated particularly with fantasy comics featuring a lot of violent and sexual content. But is it true there are manga in Japan for all ages?

J Yes, it is. Comic books have long been regarded in other countries mostly as a medium for children, but here they have a long history as adult entertainment.

M What are their origins?

J Picture scrolls produced around the 12 or 13th century are regarded as the manga prototypes. The most famous one is the satirical "Choju Jinbutsu Giga", which depicts animals impersonating humans. Woodblock printing techniques, which can be used for both text and pictures, greatly advanced during the Edo period, so commoners were provided with interesting illustrated books.

M How about manga as we know them today?

J They blossomed after World War II and became widely accepted as entertainment for everyone.

M What do contemporary manga targeting adult readers deal with?

J A huge variety of topics, including history, economics, politics and social problems, as well as hobbies and leisure activities, such as cooking, music and sports. Many of them are practical,

Words and Phrases

- ☐ **be associated with ～**：～と関連付けられる、～を連想させる
- ☐ **medium**：媒体
- ☐ **picture scroll**：絵巻物
- ☐ **prototype**：原形
- ☐ **satirical**：風刺的な；皮肉な

トピック-13

大人がマンガで勉強？

「経済も古典も、マンガで学べる！」

Translation

M 「マンガ」という言葉[*1]はいまや世界中で知られているけど、暴力的か性的な内容がほとんどのファンタジーコミックという印象が強いな。でも、日本ではあらゆる世代向けのマンガがあるというのは本当？

J 本当だよ。他の国では昔から、マンガ本は主に子供向けの媒体と考えられてきたけど、日本では大人向けの娯楽としての長い歴史があるんだ。

M その起源は？

J 12世紀か13世紀頃の絵巻物がマンガの原形だと考えられているんだ。最も有名なのは風刺画『鳥獣人物戯画』[*2]で、擬人化した動物たちを描いたもの。江戸時代には、文字と絵画の両方に活用できる木版印刷技術[*3]が飛躍的に発展したおかげで、庶民向けの面白い絵画本[*4]が出回るようになったんだ。

M 現代あるようなマンガは？

J 現代のマンガは第二次世界大戦後に発達して、万人向けの娯楽として広く認められるようになったんだ。

M 大人が対象の現代マンガ[*5]って、どんなことを扱っているの？

J トピックは無数だね。歴史、経済、政治、社会問題から、料理や音楽、スポーツといった趣味娯楽関連まで。多くは実用的で文化的、かつ教育的だよ。中でも歴史や経済を扱ったものは、教科書

Words and Phrases

- □ **depict**：～を描く、～を表現する
- □ **impersonate**：（人）の物まねをする
- □ **commoner**：庶民
- □ **blossom**：花開く
- □ **contemporary**：現代的な

cultural and educational. Some of those dealing with history and economics are even designed to be used as textbooks.

M Come to think of it, some foreigners learn Japanese from manga.

J Right. They're a good tool for small Japanese children learning Japanese as well. Obviously, kids like lots of pictures and they can learn how to read kanji characters because hiragana phonetic symbols accompany each one.

M I imagine topics such as economics and politics could be more fun to study in manga form.

J Yes. But there are both pros and cons regarding manga's popularity. There's concern that some manga designed for youngsters include too much sex and violence. And because the pictures are so realistic, they may adversely affect youngsters' minds, blurring the line between reality and fantasy.

M Well, the same thing's said about computer games. But I certainly think text-only reading materials are important for cultivating the imagination.

J Exactly. There's the danger that children will grow up avoiding text-based materials and, in fact, literacy skills have been declining in recent decades. For example, many people are only really acquainted with difficult old classics like 'The Tale of Genji' through the manga version.

M Still, that's better than no acquaintance at all!

Words and Phrases

- □ **come to think of it**：考えてみると
- □ **phonetic symbol**：表音文字
- □ **accompany**：～に伴う、～に随伴する
- □ **pros and cons**：賛成と反対
- □ **adversely**：不適切に、不都合に
- □ **affect**：～に影響する

として使えるほどだからね。

M そういえば、マンガで日本語を覚える外国人もいるよね。

J その通り。マンガは日本の幼児にとっても日本語を学ぶ良い道具だよ。当然、子供は絵がたくさんあるのが好きだし、振り仮名がついているから漢字も読めるようになるしね。

M 経済や政治もマンガという形で勉強したらもっと楽しいだろうな。

J そうだね。でも、マンガ人気には賛否両論あるんだ。青少年向けの一部のマンガには、性描写や暴力表現があまりにも多過ぎるという意見もある。それに、イラストがあまりにリアルなので、そういったマンガは現実と空想の境界を曖昧にしてしまうなどの悪影響を青少年に及ぼす可能性もあるね。

M う～ん、コンピューターゲームについても同じことが言われているね。でも僕はやっぱり、文字だけの媒体を読むのが想像力を鍛えるのに大事だと思うな。

J その通りだね。子供が活字媒体に触れることなく育ってしまう恐れがあるからね。実際、この数十年で読み書きの能力は低下しているんだ。たとえば、ほとんどの人は、『源氏物語』のような難解な古典作品はマンガでしかなじみがないというのが現状だよ。

M それでも、まったくなじみがないよりはマシだけどね！

Words and Phrases

- □ **blur**：曖昧にする
- □ **cultivate**：耕す、育てる
- □ **literacy skills**：読み書きの能力、知性教養
- □ **decline**：衰退する
- □ **be acquainted with ～**：～を知っている、なじんでいる
- □ **acquaintance**：知識

Columns

マンガは今、世界的にメディアの一ジャンルとして確立し、英語の辞書にも manga として掲載されています。その歴史や背景にも触れると面白いでしょう。

*1【英語としての manga】

「漫画」という言葉は江戸時代に生まれ、特に葛飾北斎の絵手本画集「北斎漫画」は有名。明治時代に外国の caricature(戯画)、comics(コマ割り漫画)、cartoon(風刺漫画)が日本に入ってきて、これらの訳語として「漫画」が使われ始めた。戦後、現在のマンガ形態が発達すると、これらの英語のどれにも当てはまらず、日本のマンガは世界的伝播とともに manga として海外でも紹介されるようになった。

*2【鳥獣人物戯画】

京都市右京区の高山寺に伝わる絵巻物。全4巻からなるが、12世紀後半から13世紀にかけて複数の作者によって描かれ、現在の形に集成したとされる。ウサギ、サル、カエルなどの動物を擬人化して当時の世相を描いた第一巻が特に有名。その描写手法は現在のマンガに通じるものがあり、日本最古の漫画とも評される。

*3【木版印刷技術】

西洋では15世紀にドイツのグーテンベルグが活版印刷技術を発明して以来、活版印刷が主流になっていくが、活版印刷は大量部数の印刷に向いている一方でコストが高く、また木版画などによる挿絵との組み合わせが難しい。一方、木版印刷は小部数で多種類の刊行物を文字・絵の分け隔てなく印刷できるメリットがある。庶民文化が発達し、刊行物への多様なニーズが生まれた江戸時代には木版画技術が飛躍的に発達し、浮世絵を始め庶民向けの刊行物が多数作られた。

*4【江戸時代の小説】

江戸時代には洒落本、人情本、読み本、滑稽本などの庶民のための娯楽小説が多く出版されたが、ほとんどが挿絵と文字の組み合わせであり、マンガというメディアと基本概念は同じと言える。

*5【劇画から情報マンガまで】

戦後、集団就職で多くの若者が大都市で低賃金労働に従事するようになったが、彼らの唯一の娯楽が貸しマンガであった。マンガ家辰巳ヨシヒロはそのような若者層を相手に「劇画」という大人向けマンガの領域を確立し、ジャンルはさらに多様化していった。1986年、ベテランのマンガ家石ノ森章太郎が描いた「日本株式会社：マンガ日本経済の入門」を日本経済新聞社が出版し、ベストセラーとなった。この手のマンガは情報マンガと呼ばれる。経済理論と経営理論が日本の大手物産会社の会社員とOLを取り巻くドラマに融合されており、その分かりやすさから複数の言語に翻訳され、経済・経営学のテキストとしても評価が高い。

CD1 26

Useful Expressions

deal with ～：～を処理する

注意を要する問題や事件を解決したり、それらに関する意思を決定したりする場合に用いられる。その他、deal with one's stress（ストレスに対処する）のように、不快感や感情の高まりなどを抑えて平常心を保つ場合や、deal with Japanese culture.（日本文化を扱う）のように、本や映画などが題材として「～を扱う」という場合にも用いられる。

(ex.) There are many ways to deal with the problem of mould in the summer.
夏のカビ問題にはいろいろな対処方法があります。

目的語に customer complaints（顧客のクレーム）や difficult customers（気難しい顧客）など持ってきて、苦情処理に関する場面でもよく用いられる。

(ex.) At work, I have to deal with customer complaints every day.
私は職場で顧客からのクレームに毎日対応しなければなりません。

affect：～に影響する

特に悪影響を与える場合によく用いられ、ニュース報道などでは、電車の遅延や自然災害などが人に影響を与えた場合などに頻出する。似た意味の語に influence があるが、こちらはニュートラルなニュアンスがあり、物や人に何かの変化を引き起こすような影響一般に対して用いる。

(ex.) Distance from the nearest railway station can affect the price of a house considerably.
戸建の価格には、最寄り駅からの距離がかなり影響します。

ニュース報道では、受け身で用いて、悪影響を受けた場所や人の数を示すことが多い。

(ex.) Millions of people are affected by cedar pollen in the spring.
春には何百万という人々が花粉症に悩まされます。

Topic-14

Hanko culture

"You still use personal seals?"

CD1 27

Dialogue

M Japan's a modern, literate society, so I was amazed to discover you still use personal seals. That strikes me as so old-fashioned and inefficient!

J Well, I can see your point. They do involve a lot of time and effort—and money as well, for making and registering them.

M Other countries manage very well with signatures. So is it just a historical custom you can't escape from?

J In a way, yes. The use of seals to prove authenticity has a long history in Asia. Around the 12th century, Zen Buddhist monks started using them for their writings, and over time other people took up the custom. In the late 19th century, the use of *hanko* seals for legal documents instead of signatures became the law.

M So the Japanese still believe seals are more reliable?

J Yes. And I don't think the custom will ever die out. Of course, they can be forged, but so can signatures. Written signatures alone have no legal power in Japan, especially in formal situations, so you have to impress your registered seal beside your signature.

M Uh-huh. And do people have more than one seal?

J Yes, most people have at least two. The simplest type for everyday

Words and Phrases

- □ **literate**：読み書きができる、教育を受けた
- □ **be amazed to do**：～して驚く
- □ **personal seal**：個人の印鑑
- □ **strike ～ as...**：…として～（人）に強い印象を与える
- □ **inefficient**：能率的でない、能力のない
- □ **register**：登録する
- □ **signature**：署名、サイン

トピック-14

ハンコ文化はもう古い？

「まだハンコなんて使ってるの？」

Translation

M 日本は近代的で識字率の高い社会。だから日本人がまだ印鑑[*1]を使っているのを知って驚いたよ。とても古臭くて非効率的なものという印象が強いんだけど。

J う～ん、確かにその通りだけどね。ハンコは時間も手間もかかるし、それにハンコを作って印鑑登録するにもお金がかかるからね。

M 他の国ではサインですべてOKだよ。ということは、これはただ、避けられない伝統ということなのかい？

J ある意味、その通りだな。アジアでは、印章は認証の印として長い歴史があるからね。[*2] 12世紀頃に、禅宗の僧侶がその書に使い始めて、そのうち一般の人々も印章を使い始めたんだ。19世紀末には、署名に代わってハンコを法的文書の認証として使うことが法で定められたんだ。

M つまり日本人は、いまだにハンコの方が信用できると信じているわけ？

J そう。ハンコが完全に無くなるということはないと思うよ。もちろん偽造される恐れもあるけど、それは署名でも同じだし。手書きの署名だけでは日本では法的効力はなくて、特に公的文書では無効だね。だから署名の横に実印を捺さなくてはならないんだ。

M なるほど。で、みんな複数のハンコを持っているの？

J そうだよ。ほとんどの人が少なくとも2つは持っているね。日常用の

Words and Phrases

- □ **escape from ～**：～から逃れる
- □ **authenticity**：信頼性、真正であること
- □ **legal**：法的な
- □ **reliable**：信用できる
- □ **die out**：絶える、消える
- □ **forge**：捏造する、偽造する
- □ **impress**：〈印・型などを〉（物に）押しつける

Topic-14
Hanko culture
"You still use personal seals?"

use, such as accepting special mail or to show you've understood a document or agree to some conditions, is called a *mitome-in*. They don't have to be registered, but they can have the same legal power as the registered *jitsu-in* seals used for legal documents.

M How are seals registered?

J Well, you are only allowed to possess one *jitsu-in*. You register it at your local city office and, on request, they'll issue an *inkan-shomei* certificate proving registration.

M Are a *jitsu-in* and a certificate needed to open a bank account?

J No. They're only required for important legal matters such as mortgage contracts and registration certificates for real estate. For bank accounts, we use a non-registered *hanko* called *ginko-in*—literally a 'bank seal'. But there's a catch: the bank will register the *hanko* you use, so don't lose it!

M Where can you buy *hanko*?

J *Mitome-in* for common Japanese names are available ready-made at stationery shops. You have to go to a specialist *hanko* store for a custom-made seal.

M Do they only make them in *kanji*?

J No, they'll make them in hiragana, katakana or romaji. There are even seals attached to a pen that automatically ink themselves. They're popular souvenirs.

M Oh, I must get one of those!

Words and Phrases

- □ **on request**：要求があり次第
- □ **issue**：発行する
- □ **certificate**：証明書
- □ **bank account**：銀行口座
- □ **mortgage contract**：抵当権の契約

トピック-14

ハンコ文化はもう古い？

「まだハンコなんて使ってるの？」

シンプルなものは、書留の受領や何かの書面内容の確認・同意用に使うもので、「認印[*3]」と呼ばれている。これは登録しなくてもいいけど、法的文書に用いる「実印[*3]」と同じ法的効力があるんだ。

M ハンコはどうやって登録するの？

J そうだねえ。まず、実印はひとつしか持てないんだ。住んでいる自治体の役所で登録できて、申請すれば「印鑑証明[*4]」という登録証明書を発行してくれるよ。

M 実印と印鑑証明は、銀行口座を開設するときに必要？

J いいや。実印と印鑑証明が必要なのは、住宅ローンの契約や不動産登記といった重要な法的事項のみ。銀行口座開設には「銀行印[*3]」という登録していないハンコを使うんだ。でも気を付けて。銀行がそのハンコを登録するから、決して失くさないように！

M ハンコはどこで買えるの？

J よくあるような日本人の姓の「認印」は、既製品として文房具屋さんで売っているよ。特注のハンコは専門店に行く必要がある。

M 漢字でしか作れないのかな？

J いいや、ひらがなやカタカナ、ローマ字でも作れるよ。ペン式になっていて、インクが自動的に付くものもあるし。お土産としても人気だよ。

M へえ、僕もぜひ1つ欲しいな！

Words and Phrases

- □ **real estate**：不動産
- □ **catch**：わな
- □ **ready-made**：既製の
- □ **custom-made**：特注の

Columns

西洋では署名で済まされるところを日本では印鑑が必要な場合が多々あります。その種類や使い分け方などの説明は日本に住む外国人にとって有用な情報です。

*1【判子、印鑑、印章】

「判子」は「版行」から転じた語で、文書などの上に押した印影、ならびに、印影が彫刻された判である印章（印判とも）のいずれをも意味する。印鑑も印影、印章のいずれの意味でも用いられるが、特に、市町村長や銀行その他の取引先などにあらかじめ提出しておく特定の印影を意味することが多い。そのため、印鑑登録という場合は「印鑑」という語しか用いられない。「判子」はこれに対し、認印を指す場合が多い。英語では､「印章」は a personal seal､「印影」は an impression (of a seal) となる。

*2【印鑑の歴史】

印鑑は、紀元前 3000 年以前のメソポアミア地方に起源があるとされる。当時の印鑑は円筒形の石や宝石などの周りに文字や絵を彫り込み、これを粘土板上に転がして印影を写すものだった。その後、世界へ印鑑は広まっていくが、欧州では習慣としては残らなかった。日本最古の印鑑は、西暦 57 年に後漢の光武帝が日本の奴国に賜ったとされる「漢委奴国王印」で、1784 年に福岡県の志賀島で発見された。日本では最初、政府の公的な印として印鑑が用いられていたが、鎌倉時代になると個人の印鑑を押す習慣が広まり、明治時代には法的に制度化された。

*3【実印、認印、銀行印】

印鑑証明書の交付を受けられるようにしてある印章を実印と言う。一方、承認のために押す印章を認印と言う。重要な文書には実印が求められることが多いが、法的効力としては実印も認印も同じである。銀行印は銀行との取引などの際に、銀行が登録しておく印章で、実印や認印とは区別して使われる。結果的に、日本の日常生活では3種類以上の印章が必要なことになる。

*4【印鑑登録と印鑑証明】

日本には個人または法人を証明するための印鑑を自治体に登録する制度がある。これを印鑑登録と呼び、登録をすると印鑑登録証が発行される。1人または1法人につき1個の印鑑のみ登録ができる。印鑑登録を済ませると、印鑑証明書を自治体に発行してもらうことができる。不動産の売買、登記などの重要な文書には印鑑証明書の添付を求められることが多い。なお、印鑑登録制度が開始されたのは明治時代初期の 1871 年。

Useful Expressions

involve：～を伴う

活動や状況などを主語にして、それらが伴う必然的な要素や結果などを目的語に取る。類義語に entail（～を伴う）がある。また、活動や状況などを主語にして、人を目的語に取ると、その人が「（活動や状況）～に参加する」という意味になる。

(ex.) Eating a traditional formal meal involves all kinds of tricky points of etiquette.
伝統的な正餐では、あらゆる種類の複雑な礼儀作法が必要になります。

先の「参加する」の意味では受け身になることが多く、be involved in ～の形にして、in の後に活動や状況などを持ってくる。なお、be involved in ～は、紛争や犯罪などの厄介なことに巻き込まれるという場面でも用いられる。

(ex.) Many former samurai got involved in politics in the Meiji period.
明治時代、旧士族の多くが政治に関わっていました。

at least：少なくとも

通常の数や量はもっと多いが、可能な、あるいは、起こりうる最低限の数・量を示す時に用いる。例えば、at least one と言うと、最低 1 つだが、通常はもっと多いことを示唆する。

(ex.) Every *kurogo* in Kabuki appears on stage as an actor at least once during the day.
歌舞伎の黒子はみな、一日に少なくとも 1 度は役者として舞台に登場します。

反対の意味の「多くとも」は at most になる。

(ex.) That tiny theatre in Shimo-kitazawa has seats for 100 people at most.
下北沢にあるその小劇場は、最大でも 100 席しかありません。

ふつうにふるまう

Doing

Topic -15

Wrapping

"Why don't the Japanese open gifts at once?"

Dialogue

W It's interesting to me that many Japanese don't open presents at once.

J Ah, well, the basic Japanese way of thinking is that opening a present on the spot might give the impression that the receiver's especially eager to receive a gift—and that's thought to be rude!

W Hmm. We tend to tear presents open immediately so that we can express our delight and gratitude.

J Well, I can understand the wish to do that, but you should remember that we place emphasis on how gifts are wrapped. Ripping open a beautifully wrapped gift would also lack courtesy.

W I see. So it's all to do with courtesy! Is the same true of people saying, "It's really nothing!" when presenting a gift?

J Yes. According to Japanese etiquette, being reserved and courteous is very important when exchanging gifts, so the presenter tends to downplay the importance and value of the item.

W Oh, Japanese etiquette is so difficult! But wrapping is clearly very important in Japan. I've seen department stores' clerks doing very elaborate packing. But surely that's not very eco-friendly?

J Well, some people today think that, so they ask for simpler wrapping. But Japanese wrapping culture has a long history, which is

Words and Phrases

- ☐ **at once**：すぐに
- ☐ **on the spot**：すぐその場で
- ☐ **rude**：失礼な、品のない
- ☐ **tear ～ open**：～を破って開ける
- ☐ **delight**：喜び（の気持ち）
- ☐ **gratitude**：感謝（の気持ち）

トピック-15

包装文化

「なんで日本人は、贈り物をすぐに開けないの？」

Translation

W 多くの日本人がプレゼントをすぐ開封しないのは興味深いわ。

J あぁ、そうだなぁ…その場でプレゼントを開封すると、贈り物が欲しくて欲しくて仕方ない人のような印象を与えるかもしれないという考えが根本にあって、無作法だと思われているんだ。

W へぇ。私たちの場合、プレゼントの包装を破ってすぐに開封することが多いわ。喜びや感謝の気持ちを伝えることができるから。

J うん、そうしたい気持ちはよく分かるけど、ほら、日本人は贈り物の包装にも重きを置くって知ってるでしょ。美しく包装された贈り物を破いて開封するのは、礼儀に欠けることになるんだ。

W なるほどね。すべては礼儀正しさってことね！　贈り物をするときに、「つまらないものですが」[1] なんて言っているのも同じことかしら？

J そう。日本の礼儀作法では、贈り物を交換するときは、控えめで礼儀正しくあることが大切なんだ。だから贈り主は、贈り物の重要性や価値を低めに言う傾向があるんだ。

W うわぁ、日本の礼儀作法って、すごく難しい！　でも確かに、日本では包装がとても重要だわね。デパートの店員さんが、ものすごく手の込んだ包装をしているのを見たことがあるわ。でも、それってあまり、エコじゃないんじゃない？

J そうだね、最近ではそう考える人もいて、簡易包装を頼んだりしているよ。だけど、日本の包装文化には長い歴史があって、それは

Words and Phrases

- □ **courtesy**：礼儀、礼儀正しさ
- □ **reserved**：控えめな、慎ましい
- □ **downplay**：～を軽く扱う
- □ **elaborate**：手の込んだ、念入りの、精巧な
- □ **eco-friendly**：環境に優しい（配慮した）、エコな

difficult to change. Wrapping items with Japanese paper developed as a way to ward off evil from offerings to Shinto gods. It was then applied to gift items to protect them from impurities. Over time, the techniques became very sophisticated, and some resulted in the art of origami paper folding.

W I see. How about the use of Western-style wrapping paper?

J It goes back to the early 20th century. It was combined with traditional Japanese wrapping methods, and elaborate wrapping became part of the standard department store service.

W On the other hand, furoshiki seem very eco-friendly because they can be reused, just like cloth shopping bags instead of plastic bags. And they have attractive designs on them.

J You're right. They're simple but sophisticated at the same time. And they come in various sizes, so you can wrap everything from wine bottles to guitars and futons in them!

W These days, with the trend towards eco-friendliness, is their use increasing?

J Yes, indeed. Oh, I nearly forgot... Happy birthday! Excuse me for not wrapping your present.

W Oh, thank you... Aha! A beautiful furoshiki. Just what I wanted—and very eco-friendly!

Words and Phrases

- □ **ward off A from B**：A を B から祓う、守る
- □ **evil**：悪魔
- □ **offering**：提供すること（本文では神への奉仕の品、お供え物の意）

簡単には変わらないな。和紙で物を包装するのは、神道の神に対するお供え物を穢れから守る方法[*2]として発達したんだよ。やがて、その技術はどんどん洗練されていって、折り紙の技術[*3]に発展したものもあるんだ。

W なるほど。西洋式の包装紙を使うのは？

J 20世紀初めあたりからだね。西洋式の包装は、伝統的な和の包装方法と融合して、やがて手の込んだ包装がデパートの標準的なサービスとなっていったんだ。

W 一方で、風呂敷[*4]はとってもエコね。ビニール袋の代わりに使う布のショッピングバッグみたいに、繰り返し使えるし。それにデザインもとても魅力的。

J その通り。シンプルなのに洗練されててね。それにいろんな大きさに対応できるから、何でも包めるし。ワインボトルからギター、それに布団まで！

W 最近では、エコブームに乗って、風呂敷を使うことが増えているとかあるの？

J まさにその通り。あ、忘れるとこだった…お誕生日おめでとう！　プレゼント、ラッピングしていなくてごめんね。

W ありがとう…あは！　きれいな風呂敷。ちょうどこんなのが欲しかったの――それにとってもエコだわ！

Words and Phrases

- □ **impurity**：不純物、穢れ（けがれ）
- □ **be combined with A**：Aと組み合わさる、Aと融合する
- □ **come in ～**：～に対応する

Columns

物を包むという行為は日本文化の重要な側面です。穢れを払う意味があったり、神聖なものを覆って隠すという古来の神道の習慣に強く結び付いています。

*1 【つまらないものですが】

日本語で言う「つまらないものですが」を直訳すると意味が通じない。英語では近い発想に This is something small for you. があるが、small を付けずに言う場合がほとんど。また、その後に、I hope you'll like it. と、渡す側の希望も述べるのが普通。一方、受け取る方も「そんなにしてくださらなくても」の意味で、No thank you. と言っては大変失礼になる。Thank you for your kindness. などと言って受け取るのがよいだろう。

*2 【包むという行為】

日本では包むという行為に意味が込められていることが多く、包み方にもいろいろな作法がある。たとえば、現在でも贈答品は、祝儀は右包み、不祝儀には左包みが正しい作法とされているが、これは奈良時代に発せられた法令「王戌初令天下百姓右襟」が始まりと言われている。この法令は、左衽（さじん）（いわゆる左前）を禁じており、これにより衣服を右衽（うじん）で着用することが一般的となっていった。ここから転じて、左衽は平常でない状態＝縁起が悪いという解釈に発展。死装束が左前なのもここから来ている。さらにこの考えは、ものを包む行為にも広がっていき、慶事は右包み、弔事は左包みという作法が発展した。

*3 【折り紙】

江戸時代、庶民に反物が普及すると、物をただ包むのではなく、何かしらの工夫を凝らして包む方法が広がっていき、やがてその包装技術は折り紙という遊戯へ発展した。折り鶴のさまざまな折り方を紹介する本が書かれるなど、当時は子供だけでなく大人の娯楽でもあったことがうかがえる。現在、折り紙は外国でも「origami」と呼ばれ人気になっているが、手先の器用な日本人に比べると、紙の角をきちんと合わせて折るなどの作業は欧米人には難しいらしい。折り紙の折り方を披露するインターネット動画も人気を集めているようだ。

*4 【風呂敷】

ものを包む布は古くは奈良時代から存在していたようで、正倉院の宝物の中に舞楽の衣装包みとして用いられたものが残っている。その後、室町時代に三代将軍の足利義満が湯殿を作って各大名を招待した時に、大名らが自分の着替えを他人のものと間違えないように家紋の入った布で包んだり、その布の上で着替えたことが名称の語源であるという説や、また、当時の風呂は蒸気風呂のようなもので、風呂内で座る際に敷くのに使われていたからという説もある。

CD2
2

Useful Expressions

place emphasis on ～：～を重視する

emphasisは「強調」の意味。受け身はemphasis is placed on ～となる。placeの代わりにputやlayを用いることもある。直訳では「～に強調を置く」となるが、転じて「～を重視する」「～を大切にする」などの意味でも用いられる。類似表現に、place importance on ～（～を重視する）、put stress on ～（～を強調する）などがある。

(ex.) In the study of calligraphy, emphasis is placed on both brushwork and stroke order.
書道の練習では、筆遣いと書き順が重要視されます。

emphasisの動詞形のemphasizeを用いても同じ意味を出すことができる。

(ex.) Besides physical skills, training in martial arts emphasizes mental training and etiquette.
武道の稽古では、身体的な技能に加え、精神修養と礼儀が重視されます。

go back to ～：～にさかのぼる

時代などがさかのぼる場合に用いられ、歴史などを説明する時に便利な表現。さかのぼる期間を説明する場合には、go back 1,000 years（千年の昔にさかのぼる）のようにgo backにそのまま期間を続ける。一方、さかのぼった先の時期・時代を説明するには、go back to the 7th century（7世紀にさかのぼる）のように、toを補う。同じ意味の表現にdate back (to) ～がある。

(ex.) The popularity of tuna only goes back to the mid-19th century.
マグロが人気になったのは、ほんの19世紀中頃からのことです。

go backはreturn（戻る）の意味でも用いられる。この場合、戻る場所に関してはtoを用いるが、戻る場所がhomeなどの副詞の場合は、go back homeとしてtoは付けない。

(ex.) Many people go back to theme parks they like time and time again.
お気に入りのテーマパークであれば何度も訪れる人が多くいます。

Topic-16

Money gift

"Why should we give them cash?"

CD2 3

Dialogue

W One of my Japanese colleagues is getting married next month, and I've been invited to the wedding reception. What kind of gift would be appropriate?

J Well, it's customary in Japan to offer the couple a money gift.

W You mean cash?

J Yes. You see, events such as weddings are very costly, so a gift of money is thought appropriate to lessen the financial burden of the couple and their families. The same idea applies to funerals.

W I see. But it seems strange to me to invite people and then expect them to pay!

J We don't see it like that. Marriage is generally regarded as a union not only of the couple themselves but of their families as well. To do that to everyone's satisfaction requires an elaborate ceremony, a banquet, and also mementos for the guests—which all adds up to a big bill! The guests are happy not only to join the event but also to help finance it. And perhaps the couple will be able to reciprocate some way in the future.

W Hmm. I'd rather give them something that will be useful for their new life together.

Words and Phrases

- ☐ **appropriate**：適切な、妥当な
- ☐ **lessen**：～を減少させる、少なくする
- ☐ **financial burden**：経済的負担
- ☐ **apply to ～**：～に当てはまる
- ☐ **funeral**：葬式
- ☐ **union**：結びつき

トピック-16

現金はプレゼントになる?

「ご祝儀って、高すぎる!」

Translation

W 同僚の日本人が来月に結婚するの。それで結婚式に招待されていて。どんな贈り物がいいのかしら?

J う〜んと、日本ではカップルにお金を贈るのが普通だね。

W 現金ってこと?

J うん。ほら、結婚式のような行事には結構費用がかかる[*1]でしょ。だから、カップルやその家族の経済的負担を軽減するために、お金を贈るのが適切と考えられているんだよ。葬式も同じだね。

W へぇ。だけど、人を招待しておきながらお金を払ってもらうことを期待するなんて、私には何だか変に思えるわ。

J 日本人はそのようには考えていないね。結婚は、カップル当人たちだけでなく、お互いの家族も結びつくことと一般的に考えられているんだ。[*2]みんなに満足してもらうようにするには、手の込んだ式、ごちそう、それにゲストに渡す手土産も必要になってきて――結局かなりの金額になってしまうんだよ! 招待客は参列するだけでなく、その資金の手助けをすることにも喜びを感じるわけ。そしておそらく、その夫婦もいつか、何らかの形でそれにお返しすることになるしね。

W ふーん…。でも私はやっぱり、何か彼らの新生活に役立つようなものを贈りたいなぁ。

Words and Phrases

- □ **memento**:記念品、おみやげ
- □ **add up to 〜**:合計で〜になる
- □ **a big bill**:かなりの金額
- □ **finance**:資金を出す、援助する
- □ **reciprocate**:同等の物を返す

Topic-16

Money gift

"Why should we give them cash?"

J Well, of course you can do that if you want, but it's still courteous to pitch in some money in the form of a gift at the reception.

W OK, I understand. So how much money is appropriate?

J Well, it's difficult even for Japanese to decide that. It depends on how close you are to the couple. And you should only give multiples of 10,000 yen, not random amounts. In the case of co-workers, I suppose 30,000 yen would be normal.

W Wow, that's quite a lot!

J Yes, especially if you're invited to lots of weddings, like some professors are! But only an odd number of notes should be offered to a couple getting married, and just one 10,000-yen note looks a bit stingy.

W What's wrong with even numbers?

J Odd numbers can't be split.

W Oh, I see. It's all very symbolic!

J Also, you should use a special envelope designed for the purpose. They're available at stationery stores, convenience stores—even station kiosks. You write your name and address on the back. I can help you with that.

W Thanks. Well, I'd better start saving today—not for my marriage but for theirs!

Words and Phrases

- □ **pitch in** ～：～にお金を出す
- □ **multiple of** ～：～の倍数単位で
- □ **random**：バラバラの

J もちろん、そうしたければそうしてもいいんだよ。だけど、やっぱり式の時にいくらかのお金はご祝儀の形で出すのが礼儀だね。

W わかったわ。それで、いくらくらいが妥当[*3] なのかしら?

J そうだな…それは日本人でも決めるのが難しいんだ。自分がそのカップルと、どれだけ親しい関係かによるよ。あとそれから、ご祝儀は1万円単位。適当ではだめだよ。同僚の場合だと、3万円が相場かなぁ。

W ええー、それはめちゃ高い!

J そうだね、教授職の人とか、特にたくさんの結婚式に招待されたりなんかするとね! ただし、結婚するカップルには、奇数枚の紙幣しか贈ってはいけないし、1万円だけだと、結構ケチに思われるしねぇ。

W 偶数だと何がいけないの?

J 奇数は二つに割れないからね。

W あぁ、なるほど。ちゃんと意味があるのね!

J それに、ご祝儀用にデザインされた特別な封筒[*4] を使わないとね。文房具屋やコンビニ、駅のキオスクなんかでも扱ってるから。裏側に自分の名前と住所を書くんだけれど、それは僕が手伝うよ。

W ありがとう。今日から節約をはじめた方がいいみたい……自分の結婚式じゃなく、彼らの結婚式のためだけどね!

Words and Phrases

- □ **odd [even] number**:奇数[偶数]
- □ **stingy**:ケチな
- □ **split**:割る

Columns

冠婚葬祭において現金を贈る習慣に驚く外国人もいます。結婚式の費用が高いこと、日本人の結婚に対する考え方などに話を広げるといいでしょう。

*1【結婚式の費用】

挙式・披露宴でもっとも費用がかかるのが、実はゲストの飲み物や食事代。したがって、ゲストが多ければ多いほど、ゲスト一人当たりにかかる費用は安くなる。いずれにしても、地域差はあるものの、会費制披露宴が一般的な北海道以外では、平均費用は300万円超（70～80人を招待する場合）であるから、日本人にとって結婚式は、精神的にだけでなく経済的にかなり大きなイベントであると言える。ちなみに、そこから御祝儀や両親の負担金などを差し引くと、新郎新婦が負担する金額は平均100万円程度というデータがある。

*2【結婚の歴史】

平安時代の貴族は一夫多妻制で、夫が妻のところへ通う通い婚が一般的で、男女は別の住居に暮らしていた。鎌倉時代以降、武家では後継者となる男子を育てるために妻が夫と一緒に住むことが一般的となる。結婚は家と家との縁組という意味合いが強くなり、江戸時代には、社会的身分によって結婚が制限され、また、結婚の相手は親が決めるものという仕来りが強くなる。明治民法では強力な家父長権が認められ、親の承諾なしに子は結婚できなかった。戦後、日本国憲法第24条によって結婚は当事者の自由意思によって行われるものと定められた。しかし、現代でも親の意向を重視したり、結婚を当事者両家の縁組と考える風潮も強く残っている。

*3【祝儀・香典の相場】

祝儀袋に入れる金額は、奇数であることが基本とされるが、偶数でも８は「末広がり」という意味で縁起が良いとされ、最近では、ペアという意味で２万円も認められているようだ。なお、祝儀の相場は、新郎新婦の兄弟姉妹を除けば、３万円とされる。一方、香典は不祝儀に当たるため、新札は避けて古いお札にすべきとされるが、折り目などを入れれば新札でもよしとされる。相場は、会社の同僚や上司の場合、自分の年齢によって５千円～１万円、両親の場合は10万円、親戚の場合は近さに応じて１～３万円が一般的とされる。

*4【祝儀袋・不祝儀袋】

水引は「結びきり」「あわじ結び」「蝶結び」の３種類が基本で、その他の結び方はこのいずれかが変化したもの。「結びきり」「あわじ結び」は慶弔両方で使われるが、「蝶結び」は「何度繰り返してもいい」という意が込められているため、結婚以外の祝儀で用いる。最近はカラフルでデザイン性に富む結婚用の祝儀袋も多く出回っているが、本式ではないので親しい間柄に限った方がよいとされている。

Useful Expressions

be customary to do : do するのが習慣である

customary は usual（通常の）と同義語だが、customary は特定の社会や状況において、習慣的に行われるようなことに対して用いる。to do の行為者（意味上の主語）を表すには、be customary for ～ to do の形にする。また、副詞形の customarily（習慣的に、慣例上）も使いやすい。

(ex.) Traditionally, it was not customary for the bridegroom to kiss the bride in public.
昔は、人前で新郎が新婦にキスする習慣はありませんでした。

名詞形の custom は「習慣」「慣例」の意味で、多くの場合、a custom to do として customary to do と置き換えることもできる。

(ex.) During the Meiji period it became a custom to mix Western and Japanese items of clothing.
明治時代に、洋服と和服を組み合わせて着るのが習慣となりました。

be designed for ～ : ～用である

design は「～を設計する」という基本語義。be designed for ～の形にして、「～のために設計されている」の意味になるが、建物・衣服・機械を含むあらゆる物事、さらには計画や政策など、幅広い概念を主語に取り、「～用である」という意味で用いることができる。

(ex.) Most new station buildings are designed for easy access by the disabled.
新しい駅ビルのほとんどが、障害者にも使いやすいように設計されています。

「do するように設計されている」という意味では、be designed to do の形を用いることができる。

(ex.) The first Shinkansen trains were designed to travel at 200 kilometres per hour.
最初の新幹線は時速 200km で走行するように設計されていました。

Topic-17

Superstitions

"Are the Japanese more superstitious than religious?"

Dialogue

M Many Japanese claim not to be religious, even though they take part in rituals related to Shinto and Buddhism. It seems to me that perhaps they're more superstitious than religious.

J You may be right. Historically speaking, under the strict control of the Tokugawa shogunate in the Edo period, the power of Buddhism weakened because sects were forced to focus more on ritual activities, rather than religious teachings that might cause ideological confrontations with the regime. As a result, various superstitions became rampant.

M I see. Is it true, for example, that the Japanese are superstitious about when to hold a wedding?

J Oh, yes. Most people prefer to hold their wedding on a *Taian*, which is regarded as a lucky day. That's one of the recurring sequence of six days called *rokuyo*, a way to tell the fortune of each day that probably originated in ancient China.

M Uh-huh. So presumably there are unlucky days as well?

J Oh, yes. They're called *Butsumetsu*, and are not popular for weddings. So wedding halls often offer a discount on them. Those who are not so superstitious take full advantage of that!

Words and Phrases

- □ **religious**：宗教的な、信心深い
- □ **ritual**：儀式
- □ **superstitious**：迷信深い、縁起をかつぐ
- □ **ideological**：イデオロギーに関する、観念的な
- □ **confrontation**：対立、衝突
- □ **regime**：政権、社会制度

トピック-17

縁起かつぎ

「日本人は迷信深い？　信心深い？」

Translation

M　多くの日本人が、自分は無宗教だと言うよね。神道と仏教の儀式に参加しているのにもかかわらず。僕には、日本人は信心深いというより、迷信深いと思えるんだけど。

J　そうかもしれないね。歴史的に言うと、江戸時代、幕府の厳しい支配の下で仏教勢力は弱体化したんだ。時の政権との観念的な対立を引き起こす可能性のある宗教的な教義よりも、儀式的な活動に集中することを各宗派とも強いられていたからね。その結果、さまざまな迷信がはびこるようになったんだ。[*1]

M　なるほどね。たとえば、日本人は結婚式を行う日について迷信があるというのは本当？

J　ああ、そうだよ。ほとんどの日本人は、幸運な日とされている大安に行いたいと思っているね。これは六曜[*2]とよばれる6日間のサイクルの1日。六曜は、それぞれの日の運勢を示すもので、古代中国に起源があるらしいんだ。

M　へえ、なるほど。ということは察するに、ツイてない日もあるってこと？

J　その通り。仏滅と呼ばれる日がそう。結婚式にはふさわしくない日とされているから、結婚式場は、仏滅の日は値下げすることが多いんだ。六曜をあまり気にしない人にとってはかなり有利だよ！

Words and Phrases

- ☐ **rampant**：（病気や噂など）はびこる、盛んな
- ☐ **recur**：循環する
- ☐ **sequence**：連続、連続して起こるもの
- ☐ **fortune**：運勢
- ☐ **originate**：起こる、生じる
- ☐ **presumably**：推定上、推定できるように

Topic-17
Superstitions
"Are the Japanese more superstitious than religious?"

M That's funny—saving money by not being superstitious! I also heard there are superstitions related to numbers.

J Yes. For example, 4 and 9 are seen as unlucky numbers and their use is often avoided for hotel rooms, hospital wards, and so on. The reason is their pronunciation: 4 can be pronounced *shi*, which means 'death': and 9 is pronounced *ku*, which means 'agony' or 'torture'.

M Interesting reason. How about lucky numbers?

J Well, odd numbers are said to be auspicious and that idea affects many cultural events and customs. For example, March 3, May 5, July 7, and September 9 have always had special meaning, we have Seven Lucky Gods and three- or five-storey pagodas, and there's the 7-5-3 Festival in autumn, at which children of those ages are blessed at shrines.

M And I've noticed that plates and cups are sold in sets of five rather than six, as in the West. So where did that idea come from?

J It's derived from ancient Chinese yin-yang fortune telling, which defined odd numbers as sacred. We also believe that odd numbers have power because they can't be split easily.

M Well, superstitions vary everywhere, and one odd number we avoid is 13. We believe that's full of *bad* power!

Words and Phrases

- ☐ **agony**：苦痛
- ☐ **torture**：苦悶、拷問
- ☐ **auspicious**：縁起が良い
- ☐ **affect**：～に影響を及ぼす、作用する

トピック-17

縁起かつぎ

「日本人は迷信深い？　信心深い？」

M 面白いな、縁起をかつがないおかげで節約できるなんて！　そういえば数字についても何か迷信があるそうだね。

J うん。たとえば、4と9は不吉な数字とされていて、ホテルの部屋番号や病室などでは避けられるんだ。理由は発音にあってね、4は「し」とも発音されて、これが「死」を意味するし、9は「く」と発音し、「苦しみ」や「苦痛」の意味になるんだ。

M おもしろい理由だな。ラッキーナンバーは？

J そうだな、奇数は縁起が良いとされていて、文化的な行事や習慣にも影響が見られるね。たとえば、3月3日、5月5日、7月7日と9月9日[*3]はどれも特別な意味があるし、また七福神[*4]という7人の縁起神がいたり、三重塔・五重塔といった仏塔もあるよ。さらに七五三[*5]という秋の行事では、その数の年齢の子供たちを神社で祝福するんだ。

M それと、お皿やカップも5客1セットで売られているよね、西洋では6客で1セットだけど。これにはどういう由来があるんだい？

J 古代中国の陰陽道に由来していて、陰陽道では奇数を聖なるものと定義しているんだ。また、奇数は割ることが出来ないからパワーがあるとも信じてられているね。

M ほお〜。国によって迷信も様々だね。西洋では奇数の13だけは避けられるね。[*6] 13は悪いパワーの塊だと信じているから！

Words and Phrases

- □ **pagoda**：仏塔
- □ **be blessed**：祝福される
- □ **yin-yang**：陰陽

Columns

社寺にまつわる様々な儀式を行う日本人は信心深いと言えます。一方で、宗教とは別に数多くの迷信もあり、宗教的儀式と迷信の境目が曖昧なものもあります。

***1【江戸時代の迷信・民間信仰】**

江戸時代には様々な迷信が生まれ、現代にも引き継がれているが、生活の知恵や教訓的なものも少なくない。また、庚申(こうしん)信仰のように道教、神道、仏教、修験道が複雑に絡み合って習慣化した民間信仰も多い。庚申信仰とは、十二支十干(干支)の庚申(かのえさる)の日の夜に眠ると三尸(さんし)という虫が体内から抜け出て、天帝にその人の悪事を報告するとされ、その日は夜通し眠らないで天帝や猿田彦などを祀って宴会を開いたもので、江戸時代に庶民の社交の機会として流行した。その集団(庚申講)が建てたものが各地に残る庚申塔・庚申塚だが、明治以降、庚申信仰は迷信として多くが撤去された。

***2【六曜】**

太陰太陽暦で吉凶を定める基準となる、先勝、友引、先負、仏滅、大安、赤口を6つの日をいう。旧暦では各月の一日は固定されており、1、7月は先勝、2、8月は友引、3、9月は先負、4、10月は仏滅、5、11月は大安、6、12月は赤口から始まる。旧暦の月は29日(小の月)と30日(大の月)があり、小の月末は六曜が不規則に飛ぶことになる。明治時代に六曜が旧暦に基づくまま新暦に配置されたため、さらなる不規則性が生じ、かえって珍重されるようになったとされる。

***3【節句】**

1月7日の人日(じんじつ)、3月3日の上巳(じょうし)、5月5日の端午、7月7日の七夕、9月9日の重陽(ちょうよう)は節句と呼ばれ、年間の節目となる日として特定の行事が行われる。

***4【七福神】**

インドのヒンズー教、仏教、道教、神道などが神仏習合した7柱の神で、大黒天、恵比須、毘沙門天、弁財天、福禄寿、寿老人、布袋をいう。

***5【七五三】**

11月15日に3歳と5歳の男子、3歳と7歳の女子に晴着を着せ、社寺に参拝し、子どもの成長と幸福を祈る儀式。

***6【西洋での13】**

イエスを裏切った弟子のユダが最後の晩餐で13番目の席についていた、あるいは、イエスが処刑されたのが13日の金曜日であった、などの理由で忌み嫌われるが、いずれの説も裏付けが取れないため俗信とされている。

Useful Expressions

take part in ～：～に参加する

part は「参加」「関与」の意味で、in の目的語には活動を持ってくる。類似表現に、participate in ～、join in ～、be involved in ～などがある。なお、take の代わりに play を用いると意味が異なり、play a part（part はこの場合、冠詞が必要）で「役割を果たす」の意味になるので注意。

(ex.) Parents always take part in the events at elementary school sports days.
小学校の運動会では決まって生徒の親達が参加します。

「～に初参加する」という場合には、first take part in ～のように first を補うとよい。

(ex.) Japan first took part in the Olympics in 1912.
日本は 1912 年に初めてオリンピックに参加しました。

originate in ～：～に起源がある

この意味では originate は自動詞で使うのが一般的。前置詞には in や from が用いられる。また、「～として発祥する」の意味の場合は as も用いられ、This festival originated as a ritual for ～（この祭は～のための儀式として生まれた）のような使い方ができる。

(ex.) Tatami mats originated in the special high daises used by the aristocracy in Kyoto.
畳は、京都の公家が使っていた貴賓用の高座に起源があります。

他動詞で用いる場合は「～を発明する」「～を考え出す」の意味になる。

(ex.) The idea of umami as the 'fifth taste' was originated by a Japanese scientist.
「うま味」を「第5の味覚」とする考えは日本人科学者によって生み出されました。

Topic-18

Uniformity

"Why do the Japanese love uniforms?"

CD2 7

Dialogue

W Why do the Japanese love uniforms so much? I see more than in other countries—at offices, department stores, and banks, especially for ladies, not to mention high school kids and even university students.

J Well, workers are often required to wear company uniforms. Like anywhere else, businessmen usually wear a suit and a tie, but there's no established female ensemble, so each company prepares its own original uniforms.

W Why are they so important?

J It's to do with uniformity, which is regarded as part of product quality.

W Ah, like fruit all being the same size, shape and colour?

J Exactly. That suggests high quality. The same principle extends to the service industries: workers in identical suits or uniforms give the impression of providing a high-quality service.

W That's very interesting. I've also noticed that university students of both sexes dress in identical suits to go for job interviews. But surely that gives the interviewers no idea of the interviewees' real personality and personal tastes?

J I think most companies are more interested in whether they will fit in with the company's image than their individuality.

W Like the old chestnut about the nail that sticks out getting ham-

Words and Phrases

- □ **not to mention**：～は言うまでもなく
- □ **established**：確立された
- □ **principle**：原則
- □ **extend to ～**：～に広がる、及ぶ
- □ **identical**：まったく同じの、瓜二つの

トピック-18

制服というファッション

「なんで日本人は制服が大好きなの？」

Translation

W どうして日本人は、こうも制服が好きなのかしら。他の国よりもよく見かけるわ――特に女性が多いけれど、オフィスやデパートや銀行などなど。もちろんのこと、高校生や、それに大学生まで。

J そうだね、会社員の場合、会社の制服を着るように言われることがよくあるね。どこでもそうだけど、ビジネスマンは普段にスーツとネクタイを着用すればいいものの、ビジネス用として定着している女性用のアンサンブルはないからね。だから、各社はそれぞれの制服を準備するんだ。

W なんでそんなに制服が重要なの？

J 統一性の問題だね。統一性は、製品品質の一部としてみなされているから。

W あぁ、果物が全部、同じ大きさで、同じ形で、同じ色[*1]で、という感じ？

J その通り。それが高品質をそれとなく示すんだ。同じことがサービス業界にも当てはまる。従業員がお揃いのスーツや制服を着ていると、高品質のサービスを提供してくれるという印象を与えることができるからね。

W それはとても面白いわ。それに、大学生が男女ともに、就職面接のために外見が同じようなスーツを着ている[*2]のをよく見かけるわ。だけどこれだと、面接者の個性や嗜好が、面接官にまったく伝わらないんじゃない？

J 多くの企業は、その人の個性よりも、その人が組織のイメージにフ

Words and Phrases

- □ **provide**：～を提供する
- □ **job interview**：就職面接
- □ **interviewer / interviewee**：面接官／面接者（面接を受ける人）
- □ **fit in with ～**：～にフィットする

mered down?

J Yes, it still applies in many ways.

W How about school uniforms?

J Originally, students all wore Japanese clothes. Western-style school uniforms were introduced in the late 19th century, based on European naval uniforms, Prussian army uniforms, and so on.

W Ah, like those long black coats university cheerleaders wear?

J Yes, they're regarded as very macho, although you don't see so many these days. Uniforms for high school students became common after World War II. In the postwar days, when average incomes were rather low, school uniforms reduced the financial burden on parents.

W I see. But they still seem to be popular.

J Yes. Many people still think of them as important in cultivating a sense of unity and equality, and promoting the school spirit. However, due to the recent diversification of personal tastes and rivalry between schools because of the declining birth rate, some schools have switched to their own top designer uniforms, while others have abolished them altogether.

W So opinions vary?

J Yes. Some people think suppressing individuality avoids bullying and other problems. Some even say that when school children have to wear a uniform, they will anyway try to show their individuality, so uniforms can help to cultivate creativity!

Words and Phrases

- □ **naval**：海軍の
- □ **macho**：男らしさ
- □ **cultivate**：～を養う
- □ **promote**：～を促す

ィットするかどうか*3の方に関心があるんだと思う。

W 古くから言われている、出る杭は打たれるってこと?

J そうだな、その考えは、今もいろんなところに当てはまるね。

W 学校制服はどう?

J もともと、生徒はみんな着物を着ていたんだ。西洋式の学校制服は、ヨーロッパの海軍の制服や、プロイセン軍の制服などを原型として、19世紀末に導入されたんだ。

W あぁ、大学の応援団が着ている、黒のロングコートみたいな?

J そうそう。男らしさの象徴とされているよね。最近はあまり見かけなくなったけど。中学校や高校の学校制服は、第二次世界大戦後に普及し始めたんだ。大戦後の、平均収入がまだ低かったころは、学校制服は親の経済的負担を軽減してくれていたんだよ。

W なるほど。だけど、今でも人気みたい。

J そうだね。多くの人が、制服は団結心や平等の精神を養ったり、愛校精神を高めるのに重要だと考えているからね。だけど、最近の個人の嗜好の多様化や、少子化による学校間の競争の結果、トップデザイナーに依頼した独自の制服に切り替える学校もあれば、制服を全廃する学校もあるんだ。

W 意見は様々ってわけね?

J そう。個性を制限しておけば、いじめやその他の問題を防ぐことができると考える人もいるようだし、なかには、制服を着なければならなくても、いずれにせよ子どもたちは個性を表現しようとするので、制服はむしろ、個性を養うのに一役買っていると考える人もいるんだ!

Words and Phrases

- □ **rivalry**:競争、張り合うこと
- □ **switch to ～**:～に切り替える
- □ **abolish**:～を廃止する
- □ **altogether**:完全に

Columns

会社でも学校でも日本では制服の着用が求められる場合が少なくありません。外国人にはある意味、没個性的とも見えるようですが、それなりの理由があります。

*1【日本では果物の外見がなぜ揃っている?】

日本では製品が規格通りであることが高品質の証しとみなされる傾向があり、一般に規格も非常に厳しい。それが日本のモノづくりを支えてきたと言える。果物に関していうと、一般に外国では、個々の形状や大きさの不揃いはあまり重要視されず、様々な外見の果物が商品棚に並んでいることが多く、日本の果物屋に陳列されている果物の外見の画一性に驚く外国人も少なくない。日本では、果物は嗜好品や贈答品として利用されたり、見舞物や仏壇への供え物など陳列目的に用いられるなど、食用としての価値に加えて商品の外見がとても重要になる。出荷基準に関しても、秀・優・良などの分類があり、形状、色、熟度、玉揃い、日焼け、病虫害、傷害などの分野において規格が細かく定められており、規格準拠の度合いによって、贈答品用、一般消費用、加工用などと目的別に卸され、その価格にも大きな差が出る。事実、日本で収穫された果物の全体の2割は、青果市場に出荷されることはないそうだ。

*2【リクルートスーツとは?】

ある特定のスーツを指すのではなく、就職活動時に着る差し障りのないスーツのこと。男性の場合、紺、グレー、ブラックなどが一般的。派手な色・柄のスーツは入社後に社則を守れるかどうか面接官に不安を与える点でアウトだそうだ。女性の場合、ジャケットの基本は黒やグレーで、派手な色、白、柄物は避ける。シャツは白か淡い色、靴はシンプルなパンプスとし、高すぎるヒールや装飾が多いものは避けるなどが一般的なようだ。

*3【日本企業が求める人材像】

日本では、企業のあらゆる業務活動を把握させる目的で、社員の部署移動が頻繁に行われ、社員はその中で技能を磨き、昇進していくことが多い。そのため、大学などで専攻した科目と実際の職務とはあまり関係がない場合が多く、企業側も新社員に対して学業で身に付けた専門知識や技術を特に求めているわけではない。経済産業省が行った、あるアンケート調査では、9割以上の企業が、新卒社員の採用プロセスや入社後の人材育成において「社会人基礎力」を重視している。社会人的基礎力とは、「前に踏み出す力」、「考え抜く力」、「チームで働く力」の3つからなり、そのうち、「前に踏み出す力」を重視する企業が事業規模を問わず最も多い。また、中堅・中小企業では「チームで働く力」を重視する企業が多い。

CD2 8

Useful Expressions

give the impression：印象を与える

impressionは「印象」の意味。印象の内容については、that節をimpressionに続け、give the impression that A is B（AがBだという印象を与える）とする。また、A gives the impression of being B.（AがBだという印象を与える）という形もよく見られる。一方、「印象を持つ」と言う場合は、have the impression that ～（～という印象を持つ）の形にする。

(ex.) *Shakkei* landscaping gives the impression that the garden merges with the scenery outside.
借景は、庭が庭園外の風景と融合しているような印象を与えます。

「第一印象」はfirst impressionと言う。

(ex.) My first impression of Kyoto was its huge size.
京都の第一印象として、とにかく大きい、と思いました。

introduce：～を導入する

introduceは人の紹介以外に、物事を導入したり、採用したりする場合にも用いられる。特に外国の文物などについて用いることが多く、その場合は、importに置き換えできる。使い方は、A was introduced from B through C to D.「AはCを通じてBからDにもたらされた」の形を押さえておくとよい。

(ex.) The costumes worn today by sumo referees were introduced around 100 years ago.
相撲の行司が着ている装束は、約100年前に創案されました。

名詞形はintroductionで、「導入」という意味で用いられるが、その他、正式な「紹介状」の意味もある。

(ex.) To attend a tea ceremony there, you will need a personal introduction.
茶席に出るには、人からの紹介が必要です。

Topic-19

Conspicuousness

"I don't want to stand out."

CD2 9

Dialogue

M I'd like to hear your opinion on a phenomenon often mentioned by friends teaching at Japanese universities.

J Ah, I bet I can guess what it is: the fact that students avoid asking questions and tend not to speak out in class.

M Exactly! And also that Japanese tend to sit at the back of classrooms and conference rooms. Is that kind of reticence a traditional part of the culture?

J I think it is, yes. Being reserved is a way to avoid being conspicuous. There's a general feeling that standing out might be interpreted as trying to get the better of others, and you could become the target of bashing.

M Aha. It's better to avoid confrontation?

J Yes. Through much of our history, we have been an agricultural nation, and that meant cooperating with each other on an equal footing based on give-and-take terms. Even in this era of strong competition, the virtue of being reserved continues to exist deep down in our mentality.

M And that extends to being hesitant about asking questions?

J Yes. We like to avoid conflicting opinions. In offices, for example, bosses often order their subordinates to do something with-

Words and Phrases

- ☐ **reticence**：無口、遠慮
- ☐ **reserved**：控え目な、遠慮がちな
- ☐ **conspicuous**：人目を引く、異彩を放つ
- ☐ **stand out**：目立つ
- ☐ **get the better of** ～：～を出し抜く
- ☐ **confrontation**：対立、衝突

トピック-19

目立ちたい？

「やっぱりそんなに、目立ちたくない！」

Translation

M 日本の大学で教えている友人たちがよく話題にしている現象について、君の意見を聞きたいんだけど。

J あ〜、何のことかわかるよ。学生が授業で質問を避けたり、発言をしない傾向があるということでしょ。

M その通り！　それと、教室や会議室では後ろの方の席に座る傾向があるだろ。そのような寡黙さは日本文化の伝統的な一面なのかな？

J おそらく、そうだろうね。控えめにしておくことは、目立たないようにしておく一つの方法なんだ。一般的に、目立つ[*1]ということは、他者よりも抜きん出ようとしているものとみなされて、バッシングの的となる可能性があるからね。

M ふ〜ん。対立を避ける方がよい、と？

J そう。日本の歴史のほとんどにわたって、日本は農耕国家[*2]だったでしょ。それはつまり、持ちつ持たれつという関係に基づく対等な協力関係を意味していたんだ。現代の強烈な競争社会になっても、控え目の美徳は日本人の精神に深く根を張っているんだ。

M それが質問するのをためらうことにもつながるわけ？

J そう。意見を戦わせることは避けたいんだ。たとえば職場で、上司はよく部下に、理由を説明せず指示を下すことがあるけど、西洋人

Words and Phrases

- □ **on an equal footing**：同等な立場で
- □ **on give-and-take terms**：互助関係
- □ **virtue**：美徳
- □ **hesitant about 〜**：〜に対する躊躇い
- □ **conflicting**：〜と対立する、相反する
- □ **subordinate**：部下

out giving a reason. I'm sure most Westerners would ask "Why?" But we tend to avoid that. I think it reflects the influence of Confucianism.

M Oh, that's interesting. Confucianism still influences education?

J Yes. It was emphasized in prewar education and lingers on even today. We tend to create strong vertical relationships—between teachers and students, doctors and patients, parents and children, and even older and younger siblings.

M Ah, like calling your senior 'sempai' or your junior 'kohai'?

J Precisely. Those in a lower position are expected to quietly follow those in a higher position. It's only recently that patients have begun to ask for second opinions on their condition.

M So that attitude goes right through the education system?

J Yes, it still encourages equality and uniformity. At school, students generally listen passively to the teachers and only speak out when asked a question. By the time they get to university, they aren't used to actively asking questions or speaking out in front of others.

M In other cultures, that could be interpreted as a lack of ability or even opposition.

J That's true. In that respect, Japan's education system might have to be changed to encourage students to speak out more, especially with so many Japanese going abroad these days to work, study or just enjoy themselves!

Words and Phrases

- ☐ **linger on**：（ぐずぐずと）居残る、留まっている
- ☐ **vertical relationships**：上下関係
- ☐ **follow**：従う
- ☐ **equality**：平等

だったらまず絶対「なぜ？」と尋ねるだろうね。でも日本人はそうはしないね。これは儒教の影響があると思うんだ。

M は〜、興味深いな。儒教がいまだに教育にも影響を与えていると？
J そう。儒教は戦前の教育[*3]で重視されていて、いまだに影響が残っているんだ。日本人は、教師と生徒、医師と患者、両親と子供、さらには、兄弟の年の上下においてさえ、強いタテの関係を作る傾向があるんだ。
M あぁ、年上の人を「先輩」、年下の人を「後輩」と呼ぶような？
J まさにその通り。下の立場にある者は、黙って上の立場の人に従うものとされているんだ。患者が自分の病状についてセカンド・オピニオン[*4]を求めるようになったのも、ごく最近のことだよ。
M そういった考えが、教育の場でも貫かれているわけ？
J そうだよ、今でも平等と均一は重視されているね。学校では、学生はだいたい教師の話を受動的に聞いて、質問されたときにだけ発言するんだ。大学に進む頃には、学生たちは活発に質問をしたり、他人の前で発言するのが不慣れになってしまっているんだ。

M 他の文化圏では、それじゃ無能だと見なされるし、反抗的態度とすら思われてしまうかもしれないよ。
J その通りだね。そのような点から、日本の教育システムは学生たちにもっと発言させるよう、変化しなければならないかもしれないね。特に最近は、仕事や留学や、それに旅行で海外に行く日本人が多いからね！

Words and Phrases

- □ **uniformity**：均一（性）、画一（性）
- □ **passively**：受動的に、受身で
- □ **opposition**：反対、反抗

Columns

日本には「出る杭は打たれる」という言葉があり、日本人は控え目で目立たない態度を取る傾向があります。しかし、西洋では能力の欠如ややる気のなさとも取られかねないので、しっかりした説明が必要です。

*1【conspicuous と stand out】

conspicuous は「よく見える」「目につきやすい」の意味で、転じて、特質や異常さなどで「目立っている」場合に用いる。前者の意味では stand out も似ているが、stand out は、転じて、同種の中でも「際立って優れている、重要である」という意味で用いられることが多い。また、形容詞の outstanding は「目立つ」「傑出した」「素晴らしい」という肯定的な意味になる。

*2【稲作文化】

水稲耕作では、灌漑や水利などについて村全体で協力し合う必要があり、農村共同体の結束は固くなる。また日本は国土の多くを山地が占めるため、田は棚田として山の傾斜に作られることが多かった。その場合、上流で取水しすぎると下流に水が行き渡らなくなることになり、溜池などの管理においては村落同士での協力関係も必要になる。特に中世から近世にかけては、共通の利益を守るための惣と呼ばれる村落共同体が発達していった。日本人の調和を重視する考えや集団志向などの形成にはこのような稲作文化が大きく影響したとされる。

*3【戦前の教育】

西洋では宗教が道徳教育の柱となっているが、江戸時代の仏教や神道は生活の一部として儀式習慣化しており、明治維新後の日本には道徳教育の柱とすべきものがなかった。ちなみに新渡戸稲造は、著書「武士道」で、日本人の道徳心を武士道に求めている。文明開化の中で武士階級は消滅し、近代的な教育制度が確立されていく段階で、新たに道徳教育の柱が必要となった。1890 年に明治天皇が国民に語りかける形で、教育勅語が出されたが、その内容は儒教の影響を強く受けている。教育勅語は、皇国史観(天皇の建国、天皇の徳治と臣民の忠節を国体の精華とする)を前提に、孝、友、和、恭倹、博愛、義勇、奉公などの項目を日常道徳として挙げており、敗戦まで、国民教育、国民の思想統制の基準となっていた。

*4【セカンド・オピニオン】

よりよい決定を行うために、当事者以外に専門知識を持った第三者に意見を求めること。特に医療の分野で、患者が自分の担当医の意見だけに頼らず、他の医師に相談する場合に用いられる。会話にあるように、かつて日本では患者は医師に全てを任せるのが常識とされ、患者が医師の意見に疑問を呈したり意義を唱えたりすることは稀であったが、最近はセカンド・オピニオンを求めることで、より適した治療法を患者が自ら決めるケースが多くなっている。

CD2
10

Useful Expressions

be interpreted as ～：～と解釈される

interpret A as B は「A を B と解釈する」の意味で、自分の判断に基づいて意味を解する場合に用いる。ここでは受け身になっている。名詞形は interpretation で、例えば、Buddhist interpretation of ～とすると「～の仏教的見地からの解釈」という意味になる。

(ex.) Leaving any items of food uneaten can be interpreted as either an insult to the chef or as an indication you have eaten enough!
どんな食べ物であれ残すのは、料理人への無礼、あるいは、満腹になったことの印と解釈されます。

なお、interpret は、人の発言をその場で他の言語に翻訳する（＝通訳する）ことも意味する。

(ex.) It's easy to interpret interviews with sumo wrestlers because they all say more or less the same thing.
力士達のインタビューを通訳するのは簡単です。というのは、彼らは概ね同じことしか言わないからです。

tend to do：do する傾向がある

物を主語に取る場合、作用や効果などが生じやすいという意味、人を主語に取ると、考えや行動などがある方向へと向きやすいことを意味する。類似表現として、be inclined to do、be apt to do、be liable to do などがある。

(ex.) Japanese train passengers tend to stand in lines that stretch right across the platform.
日本の鉄道利用客は、プラットホームを横切って伸びる列を作って並ぶ傾向があります。

tend の名詞形は a tendency だが there is 構文や have などを用いて、There's a tendency for ～ to do. や ～ has a tendency to do の形で、～ tend to do と同じような意味で用いることができる。

(ex.) There's a tendency for businessmen to go home earlier these days than they did during the Bubble period.
この頃の会社員は、バブル景気の頃と比べると、早く帰宅する傾向があります。

Topic-20

Respect

"What's wrong with using first names?"

Dialogue

W The Japanese often address each other without using names. I'm constantly hearing terms like *sensei*, *bucho*, *shacho*, and *okusan*.

J But in English you use "doctor" and "professor" and so on, right?

W That's true, but here there seems a reluctance to use names.

J Well, certainly when people address their superiors at the workplace, they tend to use their titles or positions. The importance of respecting people of higher status is partly due to the influence of Confucianism. If you address someone by their name, it suggests you're on an equal status, which could be taken as offensive.

W Aha! But how about when people from different organizations talk about their superiors? Doesn't that get confusing?

J No, because they use their names in that situation. However, when talking about someone you work with, you don't use a polite suffix such as "-san", which is the equivalent of titles such as Mr or Ms. The idea is to show your modesty.

W I see. But many Japanese companies today are hiring foreigners and asking workers to use English more. Using first names is a kind of global standard, so won't things change?

Words and Phrases

- □ **address**：【動】～と呼ぶ、【名】呼称、呼び方
- □ **reluctance to do**：～するのを嫌がる、～するのをしぶる
- □ **superior**：目上の人、上司
- □ **Confucianism**：儒教
- □ **on an equal status**：対等の立場にいる

トピック-20

先輩は後輩より偉い？

「下の名前で呼んじゃ、だめ？」

Translation

W 日本人はよく、名前なしでお互いを呼び合うわよね。「先生」「部長」「社長」、そして、「奥さん」なんていうのをしょっちゅう耳にするわ。

J だけど英語でも、「doctor（ドクター）」や「professor（教授）」とか使うよね？

W それはそうだけど、日本ではむしろ名前を呼ぶのを嫌がっているような感じがするわ。

J うん、確かに職場で上司を呼ぶときは、肩書や役職で呼ぶことが多いね。目上の人を敬う大切さは、儒教[*1]の影響による部分もあるね。もし誰かを名前で呼んだとしたら、それは自分とその人が対等であることを暗に示すことになって、場合によっては無礼だと思われてしまうかもしれないからね。

W へ～ぇ。でもたとえば、別の組織に所属する人たちが、それぞれの上司について話す場合はどうなるの？　混乱しないの？

J ああ、それは大丈夫。その場合は名前を使うから。だけど、自分の会社の人について話すときは、英語のMrやMsに相当する「～さん」といった敬称[*2]は使わないんだ。外部の人に対して慎みの気持ちを示すためだよ。

W なるほど。だけど今では、多くの日本企業が外国人を雇っていて、社員にもっと英語を使うようにと言っているわよね。下の名前で呼び合うことは、いわゆるグローバル・スタンダードだから、この傾向

Words and Phrases

- □ **offensive**：攻撃的な、けんか腰の
- □ **polite**：丁寧な
- □ **suffix**：接尾語
- □ **modesty**：慎み、謙遜

Topic-20
Respect
"What's wrong with using first names?"

J That's a good question. In environments where people from different cultures work together, some people already do that. But the conventional rules of address are so deeply imbedded, I don't think they'll go out of the window just yet! Of course, they apply to other parts of life as well.

W Ah, you mean, like using *sempai*? Does that always mean someone older than you?

J Basically, yes. It's like 'senior'. But it can also refer to those who started something earlier than you. They're probably more knowledgeable about it, so using *sempai* shows your respect.

W I've also noticed younger brothers or sisters often use "elder brother" or "elder sister" rather than names, whereas younger siblings are referred to by their name or nickname.

J That's right.

W It seems a rather complicated kind of hierarchical order.

J Well, the Japanese believe that you can never achieve anything without the help of others. You need help from the more experienced, and, at the same time, you're expected to give help to those less experienced than you.

W So, in the end, it promotes cooperation and harmony within organizations, families, schools, and even society at large?

J Exactly. But you can call me by my first name rather than "sempai"!

Words and Phrases

- □ **conventional**：慣習として認められた
- □ **imbedded**：組み込まれた、刻み込まれた
- □ **go out of the window**：なくなる、消えうせる
- □ **knowledgeable about 〜**：〜について知識の豊富な

も変わっていくんじゃない?

J 難しいところだね。異なる文化圏の人々が集まって働いている環境では、すでにそうしている人もるけど。だけど、呼称に関する慣習には根強いところがあって、そうそう無くなることはないと思うよ。もちろん、生活の他の場面にも当てはまるしね。

W ああ、もしかして、「先輩[*3]」のような言葉のこと? 先輩は、自分よりも年上の人を指すの?

J 基本的にはそうだね。「senior」と同じようなものかな。だけど、自分よりも何かを先に始めた人を指すこともあるよ。たいてい自分よりも知識が豊富だから、「先輩」と呼んで尊敬の気持ちを表現するんだ。

W それと、年下の兄弟姉妹たちが、名前ではなく「おにいちゃん」や「おねえちゃん」[*4]と呼んでいるのもよく耳にするけど、年下の兄弟姉妹は名前やニックネームで呼ばれるのね。

J その通り。

W そんな上下関係は何やらとても複雑ね。

J そうだなぁ、日本人は、他人の助けなしでは何事も成し遂げられないと思っているところがあってね。より経験のある者からの助けが必要だし、それと同時に、自分よりも経験の浅い人には手を差し伸べることも求められるからね。

W なるほど。つまるところ、そうすることで、組織や家族、学校、引いては社会全体の協力と調和を促すということね?

J その通り。でも、僕のことは「先輩」ではなくて下の名前で呼んでいいからね!

Words and Phrases

- □ **sibling**:兄弟姉妹
- □ **refer to ～**:～について言及する
- □ **hierarchical order**:上下関係
- □ **at large**:全体の、全体として

Columns

日本人はファーストネームで呼び合うのが苦手ですが、日本人の基盤となる人間関係とファーストネームによる呼称には、お互いに相容れない文化的違いがありそうです。

*1【儒教：Confucianism】

儒教（儒学とも）は孔子（Confucius：BC 551 ～ 479）を祖とする古代中国に発生した教学。日本には 4 世紀に「論語」が伝わり、政治や思想に大きな影響を残した。江戸時代には宋の時代に朱熹（＝朱子：1130 ～ 1200）が身分制度の尊重や君子権の重要性などを唱えた新しい儒学の朱子学が官学とされ、江戸幕府下の封建的思想の形成において大きな役割を果たし、その影響は現代日本人の上下関係などにも色濃く残っている。

*2【○○さん】

敬語には相手への敬いを示す尊敬語、自分が謙遜するための謙譲語、言葉自体を美しくいうための丁寧語がある。ここで触れている「○○さん」という敬称は「○○さま」よりもくだけた尊敬語の一種。自分が所属するグループの構成員（内）に対して敬称を用いると、相手のグループ（外）よりも上であることを示すことから、相手のグループに対しては自グループの構成員をたとえ自分の目上であっても敬称を付けずに呼ぶのが儀礼。つまり内全体が謙譲し、外に対する尊敬を示す目的がある。同じように敬語を重視する朝鮮語の場合、このような内外の使い分けはなく、身内の動作・状態に言及する場合でも尊敬語を使う点に上下関係の捉え方の差が表れている。

*3【先輩とは?】

先輩の概念は外国人にはわかりにくい。広辞苑の定義では、「先に生まれ、または学芸・地位などで先に進む人。また、同じ学校・勤務先などで先に入った人」としてある。先輩に対し逆の立場は後輩になる。一般に、後輩は先輩を立てる義務があり、先輩は後輩の面倒を見る義務があるとされる。西洋では酒席の勘定を割り勘にすることが多く、これはお互い対等の立場であることの表れであるが、日本の場合は先輩にあたる人物が勘定を引き受けることが多い。このような習慣を外国人に伝える際には、先輩・後輩の概念の説明も必要になるだろう。

*4【兄・弟、姉・妹】

英語には、兄弟・姉妹に相当する言葉がなく、brother、sister、その両方を含めて sibling という語があるだけである。一方、これらの英語に相当する日本語もなく、兄・弟、姉・妹のように自分からみた年の上下を概念として含む語しかない。日本人が自分の siblings を説明する際、よく my older brother や my younger sister などのように年の上下を示す言葉で表現するが、文化的に避けられない概念である。逆に外国人にはなぜ日本人が older や younger を付けるのかが理解できないだろうと思われる。

Useful Expressions

refer to ～：～に言及する

mean（～を意味する）と文脈上置き換え可能な場合が多いが、refer to ～は、ある語が、特定の物や考えや状況などを表す、というニュアンスで用いることが多い。ちなみに、refer to A as B とすると「A を B と呼ぶ」の意味になり、これを受け身にすると A is referred to as B. となる。この場合、as を落とさないように注意。

(ex.) The term 'gohan' can refer to just rice or a whole meal.
「ごはん」という言葉は米飯だけを示すこともあるし、食事全般を指すこともあります。

refer の名詞形は reference になる。with reference to ～の形で、「～に関して」「～について」などの意味になる。

(ex.) With reference to your enquiry, a special permit is required to climb Mt. Fuji in winter.
あなたの問い合わせについてですが、冬季の富士登山には特別許可が必要となります。

respect：敬意

respect は動詞では「～尊敬する」、名詞では「敬意」の意味になる。名詞用法では、show one's respect の形で「敬意を表する」の意味になる。また、show respect for ～とすると「～に敬意を表する」という意味になる。ちなみに、pay one's respects to ～とすると「～を表敬のために訪問する」といった別の意味になる。

(ex.) Respect for older people is traditionally so strong in Japan that there is even a 'Respect-for-the-Aged Day'.
日本では年配の人に対する尊敬の念が強く、「敬老の日」という日まであります。

動詞の respect を過去分詞にして形容詞として用いることも多い。例えば、well-respected ～とすると、「深く尊敬された～」の意味になる。

(ex.) The professor is a well-respected authority on medieval Chinese literature.
中世の中国文学の権威として、その教授は深い尊敬を集めています。

Topic-21

Slippers

"Slippery problems"

CD2 13

Dialogue

J I'm going to admit to a faux pas I made the other day because I know it will amuse you.

M You licked your chopsticks?

J No.

M You visited someone's house with a hole in your socks?

J Getting warmer! Actually, after visiting the toilet...

M ...you forgot to take off the toilet slippers!

J Exactly. I was so embarrassed.

M I'm glad it's not only we foreigners that do that! But why are they needed? It's so difficult to open the door and change slippers!

J Toilets used to be called 'gofujo', a Buddhist term meaning 'a filthy place'. They were typically located outside or detached from the main part of the house, and special footwear was provided, usually *geta* wooden clogs. Nowadays, toilets are generally clean and inside, but they remain symbolically 'filthy' or 'outside'. That's why there are those slippers which are not meant to leave the toilet. They often have 'WC' printed on them to help you remember.

M OK. But why aren't slippers allowed on tatami? In summer, walking barefoot on tatami is really nice, but I don't want other people doing it on my mats! And in winter, tatami are so cold, even with socks on.

Words and Phrases

- ☐ **faux pas**：失敗、無作法
- ☐ **lick**：舐める
- ☐ **getting warmer**：（焦点や正解に）近づいてきた、迫っている
- ☐ **be embarrassed**：恥ずかしい

トピック-21

スリッパ

「トイレ専用スリッパの謎」

Translation

J 先日やらかしてしまった失敗を白状するよ。きっと面白いと思うんで。

M お箸を舐めてしまったとか？

J 違うな。

M 穴の開いた靴下を履いて、誰かの家を訪問しちゃったとか？

J 惜しい！ 実はトイレに行った後…

M …トイレ用のスリッパを脱ぎ忘れた！

J そうなんだよ。とても恥ずかしかった。

M 僕たちのような外国人だけがやってしまうことじゃないんだね、良かった！ でもどうしてあのスリッパが必要なんだろう？ ドアを開けてスリッパを履きかえるのは大変だよ！

J トイレ[*1]は昔、「ご不浄[*2]」と呼ばれてたんだ。仏教用語で「不浄な場所」という意味。トイレはよく屋外か母屋の離れに設置されていて、専用の履物、普通は木製の「下駄[*3]」が用意されていたんだ。今ではトイレは一般的に清潔で屋内にあるけど、「不浄」かつ「外」の象徴であるのは昔も今も変わらないんだ。トイレ専用のスリッパがあるのはそういうわけで、間違えないように、トイレのスリッパにはよく「WC」の文字がプリントされているよ。

M なるほど。でも、畳の上でスリッパを履いてはダメというのはなぜなんだい？ 夏に畳の上を裸足で歩くのはとても気持ちがいいけれど、僕の部屋の畳の上を他人が裸足で歩くのは嫌だなぁ。それに冬は、靴下を履いていても畳はとても冷たいよね。

Words and Phrases

- □ **filthy**：不潔な、汚れた
- □ **be detached from ～**：～から離れている
- □ **symbolically**：象徴的に
- □ **barefoot**：はだし

Topic-21
Slippers
"Slippery problems"

J Well, that's a good question and I can give you two good answers. The first may be difficult to understand: tatami rooms have long been considered as rather sacred places, often containing a family altar, so we naturally remove our footwear, just as we do at a shrine or a temple. The second is more practical: hard-soled slippers might scuff the 'grain' of the straw. In fact, the heavily used mat nearest the door is laid so that you walk along the grain, not against it.

M Oh, I never noticed! Another problem is wearing slippers at dentist's or doctor's surgeries.

J Is that a problem? They want to keep outside dirt outside.

M Well, at the dentist's, I feel so vulnerable! My regular doctor's place is Western-style, so you keep your shoes on, but I went to see a dermatologist, and you had to take your footwear off at the entrance. It was summer and lots of people were barefoot. To go in and see the doctor, there were slippers. Who knows what foot problems the other patients were suffering from?

J Ah, I see your problem. But some surgeries these days provide sterilized slippers, so things are improving. As for your case, all I can say is—change your dermatologist!

Words and Phrases

- ☐ **sacred**：清浄な、聖なる
- ☐ **family altar**：家庭内の祭壇（＝神棚や仏壇）
- ☐ **practical**：具体的な、現実的な
- ☐ **hard-soled**：底の固い
- ☐ **scuff**：擦り傷をつける、擦り減らす
- ☐ **grain**：木目（本文では畳の編み目の意味）

トピック-21
スリッパ
「トイレ専用スリッパの謎」

J う〜ん、それは難しい質問だけど、2つの答えが考えられるね。1つ目はちょっと理解しがたいかもしれないけど、畳の部屋は神聖な場所と昔から考えられていて、神棚や仏壇が置かれることが多いんだ。だから自然と、神社やお寺でするのと同じように、履物を脱ぐわけ。2つ目の答えはもっと現実的で、底の固いスリッパは、畳の「編み目」を傷つけてしまう恐れがあるんだ。実際、出入り口に一番近いところの畳は、人の進行方向が畳の目の方向に逆うのではなく沿うように配置されているんだ。

M ほぉ〜、それは気づかなかったなぁ！　もうひとつ困っているのが、歯医者とか診療所で履くスリッパなんだ。

J それって問題あるかな？　屋外の埃が入ってこないようにするためのものだよ。

M うぅん、歯医者にいくと、とても心もとない感じがするんだ。かかりつけの医院は西洋式なので靴を履いたままでよいのだけれど、皮膚科医院に行ったとき、入り口で靴を脱がなくてはならなかったんだ。夏だったんで、裸足の人が多かったよ。中に入って診察を受けるのにスリッパが用意されていてね。他の患者が足にどんな病気を持っているか、誰にもわからないだろう？

J あぁ、そういうことね。でも最近は殺菌処理済みのスリッパ[*4]を出す医院もあるし、よくなってきているよ。君の場合、僕から言えるのは……皮膚科を変えたほうがいいね！

Words and Phrases

- □ **straw**：わら
- □ **surgery**：（英）診療所、医院
- □ **vulnerable**：弱い、傷つきやすい
- □ **dermatologist**：皮膚科医
- □ **sterilized**：殺菌消毒された

Columns

屋内で履物を脱ぐ習慣がある日本では、屋内でのスリッパの用途が独特で、外国人は戸惑うこともあるようです。スリッパ事情について話してみましょう。

*1【トイレと下肥と野菜】

江戸時代には下肥は貴重な肥料として高価で売買されていたため、都会には共同トイレや公衆トイレなどが登場し、下肥は全て回収された。また、長屋の大家は住人の下肥を売る権利を持っており、重要な収入源ともなっていた。明治期以降、下肥の処理は汲み取り業者に委託するようになった。昭和初期には地方自治体が回収を行うようになったが、下肥は昭和半ばまで使い続けられ、一方では、日本の下水処理システムの発達を遅らせる一因にもなった。戦後直後、占領軍が日本の野菜が美味しいと食べていたところ、全員が寄生虫患者になり、その理由を調べたところ、下肥を使っていることを知り、あわてて基地内に自家用の野菜畑を作り始めたという。GHQ は下肥の使用を禁止し、化学肥料が使われるようになった。日本で生野菜がサラダとして一般に食べられるようになったのはそれ以降である。

*2【トイレの隠語】

トイレの隠語は実に多い。樋屋、厠、雪隠、手洗い、手水所、化粧室、御不浄、東司、青椿など無数にある。それぞれの語源に諸説あるが、面白いものを挙げると、まず、雪隠は鎌倉時代の霊隠寺の雪宝和尚が便所で悟りを開いたことから、両者の名前を取ったものという説がある。東司は寺でよく使う語だが、禅寺では便所が東に位置していたのが語源。青椿は、椿は芳香が強く、また、常緑樹であるため、便所を隠すのによく用いられたことから。ちなみに WC は、water closet の略語で、主に英国でホテルのトイレやアパートの見取り図などに見られる掲示語。ちなみにトイレは英国では toilet、米国では restroom や bathroom と呼ぶ。

*3【下駄と clogs】

日本の下駄は clogs と訳されることが多いが、clogs とは、オランダ、ベルギーなどの北欧の国で用いられる木製の靴のこと。今日では、スリッパのように足に引っ掛けて履く踵の高い革製の靴も意味するが、主に clogs と呼ばれるものはボトムが木製であることには変わりはない。一方、日本の下駄はサンダルに近く、鼻緒 (V-shaped cloth thong) と多くは2本の歯 (two wooden supports) が付いているのが特徴。雨道や雪道を歩いたり、湿度が高くても足に汗をかかない点などが日本の気候に向いている。

*4【殺菌処理済みスリッパ】

最近は病院でも殺菌処理済みスリッパを導入していることが多い。また、ホテルでは、使い捨てのスリッパや足が当たる部分に貼るための使い捨ての抗菌シールなどが用意してあることが多くなっている。

Useful Expressions

used to be [do] ～：かつて～だった［かつて do したものだった］

過去において長期間続いた常習的な活動（do ～の場合）や状態（be ～の場合）に対して用いる。似た意味の表現に would do があるが、こちらは比較的短期間における常習的活動を意味し、状態について用いられることはない。

(ex.) It used to be possible to smoke on most railway stations.
昔はほとんどの駅でタバコを吸えたものでした。

状態に関しては、There used to be ～ . の構文を取ることもできる。

(ex.) There used to be 'stations' every few miles along the major highways where travellers could rest.
かつて主要街道沿いには、旅人が休息を取るための宿場が数里ごとに設けられていました。

be located (at, in, outside, etc.)：（～に）位置する

locate は自動詞だと「定住する、落ち着く」、他動詞だと「（特定の場所に）～を置く、～を設置する」などの意味があるが、基本的には受け身で使うことが多い。

(ex.) Many shrines and temples are located in high places.
寺社仏閣は高台にあることが多い。

位置する場所（前置詞の目的語）によって前置詞を使い分ける。at と in の使い分けは難しいが、平面的広がりを意識すると in、同じ場所でも、地図上で見る場合など、全体におけるある一点を意識すると at という感覚になる。

(ex.) A barrier gate was located at the Hakone Pass to prevent women escaping from the capital area.
女性が江戸から逃げ出さないよう、箱根の峠には関所が置かれていました。

Topic-22

Obsession with Cleanliness

"Leave the place cleaner than you found it."

Dialogue

W I get the impression that the Japanese are obsessed with cleanliness.

J Why do you say that?

W Well, stations, trains, shops and offices all seem remarkably clean, and I often see people sweeping the street in front of their house or shop.

J Yes. Cleaning has long been part of our culture. Purification rites are very important in Shinto: everything should be kept pure and clean—the altar, ritual items, offerings to the deities, and so on.

W How about the year-end house cleaning? Is that derived from Shinto?

J In part, yes. But another reason is Japan's high summer humidity, which propagates bacteria and viruses. Our history is peppered with stories of disastrous epidemics. Even without modern scientific knowledge, I think the Japanese instinctively realized the importance of sanitation.

W Apparently, many office workers and schoolchildren do cleaning themselves. That's impressive, but why don't they employ cleaners?

J Well, there are lots of cleaning companies as well. But at schools, cleaning is regarded as part of education. It derives from the

Words and Phrases

- □ **be obsessed with ～**：～で頭がいっぱいである
- □ **remarkably**：著しく、めだって
- □ **sweep**：掃く、掃除する
- □ **rite**：儀式【形】**ritual**：儀式の
- □ **altar**：祭壇
- □ **offering**：お供え物

トピック-22

キレイがいちばん!

「来たときよりも、美しく」

Translation

W 日本人はきれいにすることで頭がいっぱいなんだな〜という印象があるわ。

J どうして?

W えっと、駅も電車も、お店も会社も、どこもみんな圧倒的にきれい。それに自宅やお店の前をはき掃除している人もよく見かけるわ。

J そうだね。掃除は日本文化の重要な一部だからね。神道では、清めの儀式[*1]が非常に大切で、神棚、儀式用の道具、神々へのお供え物など、すべてを清らかにきれいにしておくべきなんだ。

W 年末の家の掃除についてはどう? それも神道に由来しているの?

J 部分的にね。だけど他に、日本の夏は非常に多湿[*2]で、雑菌や病原菌が繁殖しやすいという理由もあるね。日本の歴史を見ると、ひどい伝染病の流行が何回もあったことが分かるよ。現代の科学的知識はなくても、日本人は衛生の重要性を本能的に理解していたんだと思うね。

W 確かに、会社員も学校の子供たちも、自分たちで掃除をしている人が多いわね。素晴らしいわ。だけど、どうして清掃員を雇わないの?

J そうだな、たしかに清掃会社はたくさんあるよ。だけど学校では、掃除も教育の一環とされているんだ。これは、自分の身の回りを

Words and Phrases

- □ **propagate**:繁殖する
- □ **be peppered with 〜**:〜で溢れている
- □ **disastrous**:悲惨な
- □ **epidemic**:伝染病、疫病
- □ **instinctively**:本能的に、無意識に
- □ **sanitation**:衛生

Zen idea that by cleaning your surroundings you get rid of your worldly desires.

W Does the custom go back a long way?

J It started in the Edo period at private schools. Employees cleaning their offices is based on the idea that you can provide better services in a clean and tidy environment, and doing it together isn't regarded as a waste of time and effort. Having said that, many offices lack space and are messy; it's dangerous to generalize too much!

W I hear there's a problem with visitors leaving rubbish on beaches and even on Mt. Fuji. That seems to go against the obsession with cleanliness.

J That's a good point. It's inexcusable, but I think it's connected with the 'inside-outside' concept in the Japanese mentality. The 'inside' is regarded as sacred and must be kept clean, but the 'outside' is another story. The places you mentioned are all regarded as 'inside'—including the street—but beaches and other natural areas are regarded as 'outside' by those who don't live there, and that's a big problem.

W Is anything being done about it?

J Yes, there are now tighter restrictions aimed at promoting recycling and better environmental protection, and more and more volunteers are helping to clear rubbish. But the real solution is for everyone to put into practice the familiar slogan 'Kitatoki yorimo utsukushiku'—'Leave the place cleaner than you found it.'

Words and Phrases

- □ **worldly desires**：煩悩
- □ **tidy**：きちんとした、整頓された
- □ **messy**：乱雑な、ごちゃごちゃした
- □ **generalize**：～を一般化する、普及させる

掃除することで煩悩を捨て去ることができるという、禅の考えに由来するんだ。

W その習慣は結構前からのもの？

J 江戸時代の寺子屋で始まったんだ。*3 従業員たちが自分のオフィスを掃除するのは、きれいで整った環境がよりよいサービスを生むという考えに基づいているからだよ。それにみんなで掃除をするのは時間や労力の無駄とは思われていないしね。そうは言っても、スペースもなくて散らかっているオフィスも多いから、どこもそうだと言いきるのは危険だけどね！

W ビーチや富士山にまでゴミを捨てていく人たちの問題もあると聞くわ。これはきれい好きとは相反するようだけど。

J それは重要な指摘だね。言い訳はできないけど、それは日本人のメンタリティである「内と外」*4 に関係していると思うんだ。「内」は聖なる場とみなされているんで、きれいに保たなければならないけど、「外」はまた別の話なんだよね。さっき君が言っていた場所は全部、道路も含めて「内」であって、ビーチやその他の自然のエリアについては、そこに住んでいない人には「外」とみなされてしまうんだ。それが大きな問題なんだけどね。

W それについて、何か対応はされているの？

J うん。リサイクルや環境保護のために、規定がより厳しくなったし、ごみを片付けるボランティア参加者がどんどん増えているよ。だけど、周知のスローガンをみんなが実践することだと思う――「来たときよりも、美しく」――それが真の解決策だろうね。

Words and Phrases

- ☐ **rubbish**：ゴミ
- ☐ **inexcusable**：言い訳の立たない、弁解できない
- ☐ **sacred**：神聖な、宗教的な
- ☐ **aimed at ～**：～を目的としている

Columns

きれい好きと言われる日本人。その背後には、日本独特の気候に根ざす清めの意識があるようです。しかし、きれい好きの範囲にもある程度の限りがあるようです。

***1【清めの知恵】**

神道では、神器や奉納物、参拝者や境内など、すべてにおいて清めが重視される。清めには水、塩、酒などが用いられる。日本は多雨で夏も暑いため、食中毒や伝染病をはじめ、様々な感染症が発生しやすい。清めの儀式はそれらを未然に防ぐ知恵から発達したと考えられる。日本は清らかな水が多く、また、塩も酒も殺菌効果があるため、理にかなっていると思われる。

***2【日本の気候の特徴】**

日本は緯度に比して冬が寒い。たとえば、東京は北緯35度41分、北海道本島最北端の宗谷岬で北緯45度31分だが、ヨーロッパの主要都市の場合、パリで48度51分、ロンドンは51度30分、スペインのマドリードでさえ北緯40度24分と、かなり高緯度に位置していながらも温暖である。一方、北海道の知床は流氷が到達する世界最南端の地である。つまり、日本は低緯度にして冬が寒いため夏冬の寒暖差が大きくなり、四季の区別も明確になる。さらに、周囲を海に囲まれているため一年を通じて雨が降りやすく、日本の夏は必然的に高温・多湿になる。

***3【学校の清掃】**

禅においては、寺の建物を含む境内全体を掃除することも修行の一部とされており、「動く座禅」とも称されている。自分の身のまわりをきれいにすることで、煩悩も一緒に捨て去るという意味合いがある。この考えが江戸時代の寺子屋に取り入れられ、学習者が自ら学舎を清掃する習慣が始まった。明治時代には、学校教育の一環として清掃が取り入れられ、現在まで続いている。この考えは神道の清めにも通ずるものがあり、剣道、柔道などの道場の清掃・整理整頓は稽古者の自己鍛錬の一部とも考えられている。

***4【内と外】**

日本文化では内と外という概念が強い。内は神聖な領域、外は不浄な領域とされ、神道では、鳥居や注連縄（しめなわ）がその境界を示している。家の内部は内だが、玄関がその境界となり、そこで履物を脱ぐのは不浄な外から内に入る儀式的行為とも言える。また、茶の湯においては、客が主人に挨拶する時に、自分の前に扇子を横にして畳の上に置くが、主人（内）と客（外）の境界を示すことで主人に対する敬意の念を表す意味がある。内外の概念は人間関係にも当てはまり、「ウチの家族」や「ウチの会社」など、外部者と内部者を区別する表現も多用される。内は西洋でいうプライバシー領域とある意味似ている。一方で、内外の概念は、内に対しては大いに気配りをするが、外には対しては無関心になる傾向を助長していることも否めない。

CD2
16

Useful Expressions

be derived from ～ / derive from ～：～に由来する

自動詞（derive from ～）を使っても他動詞の受け身（be derived from ～）を使っても同じ意味になる。いずれも come from ～と置き換えることもできる。なお、名詞の後ろに形容詞句として置く場合は、derived from ～のほうが使いやすい。

(ex.) Kabuki is said to be derived from dances performed by women in Kyoto in the early 17th century.
歌舞伎は、17 世紀初頭に京都で女性達が舞っていた舞に由来するといわれます。

derive の名詞形は derivation で、of ～ derivation の形にして「～の由来で」という意味で用いることができる。

(ex.) Despite its name, Indian ink is of Chinese derivation.
その名とはうらはらに、墨汁（Indian ink）は中国に由来するものです。

get rid of ～：～を取り除く

rid は動詞で「～を除去する」の意味。get rid of ～の場合、rid は過去分詞になっている（rid は不規則動詞）。主に、不要な物や嫌いな物に対して、その厄介払いをするために取り除く、という文脈で用いる。受け身は be gotten rid of ～となるが、of を落とさないように注意。

(ex.) Much as people try, it's almost impossible to get rid of cockroaches from Japanese houses.
みんな必死でやっていますが、日本の家屋からゴキブリを駆逐することはほぼ不可能です。

rid A of B の形にすると、「A を B から取り除く」の意味になる。A には障害物など、B には場所、人、物事などがくる。受け身にすると、be rid of ～となり、「～を取り去られる」という意味になる。

(ex.) In the early Meiji period, many samurai were unhappy to be rid of their swords.
明治時代の始め頃、多くの武士は刀を奪われることを心地よく思いませんでした。

ふつうでいる

Being

Topic-23

Job Hunting

"What are freeters?"

CD2 17

Dialogue

M I heard an interesting term the other day—'freeters'?

J Ah, yes, it's a portmanteau word derived from the English word 'freelance' and the German word 'arbeiter'. The Japanese term for part-time work is *arubaito*.

M What does it mean exactly?

J Well, basically it refers to anyone not working in a full-time job. When it was coined in the late 1980s, it referred to those postponing fulltime employment to do whatever they wanted.

M They wanted to be 'free', right?

J Well, yes. But today, it often implies college or university graduates unable to find employment. Failure to find a full-time job at the time of graduation makes things harder later because employers regard you as lacking skills and experience.

M I see. So how do university students go about finding a job?

J Japan's school year begins in April, and there's a custom for all new recruits to start work then as well. Most university students in Japan have a four-year course, and they start preparing for job hunting in their third year. In early spring before their fourth year begins, they participate in recruiting fairs to try and focus on their targets. Companies start their employment exams on April 1, and job offers reach successful applicants in a month or so.

Words and Phrases

- □ **portmanteau**：２つ以上の要素を併せ持った、混成の
- □ **be derived from ～**：～を由来とする
- □ **coin**：新たに作る
- □ **postpone**：～を延期する、延ばす

トピック-23

日本の就活事情

「フリーターとは？」

Translation

M 先日面白い言葉を耳にしたんだ。「フリーター[*1]」って？

J あ〜、フリーターは、英語の「フリーランス」という言葉と、ドイツ語の「アルバイター[*1]」という言葉から成る混成語。日本では非常勤（パートタイム）の仕事を、「アルバイト[*1]」と呼ぶんだ。

M 厳密にはどういう意味？

J そうだな。基本的にはフルタイムでない仕事に就いている人のすべてのことかな。1980年代末ごろにこの言葉が生まれたときは、とにかく好きなことをするためにフルタイムの仕事をとりあえず延期している人のことを言ってたけどね。

M 「フリー」でありたかった、というわけだね？

J う〜ん、そうだね。でも現在では、雇用にありつけなかった短大あるいは大学の卒業生を意味することが多いな。新卒時に正社員の仕事に就けないと、後で苦労するんだ。雇用側がスキルと経験がないと見なしてしまうんだよ。

M なるほど。では大学生はどうやって仕事を探すんだい？[*2]

J 日本の学期は4月に始まるので、新入社員もその時期に働き始めるならわしになっているんだ。日本の大学はほとんどが4年制で、大学生は3年生のときから就職活動を始める。４年生になる前の春の初め頃から就職説明会に参加して、希望先を定めるんだ。企業側は就職試験を4月1日から始めて、合格者には1か月以内には通知があるのが普通だよ。

Words and Phrases

- □ **imply**：〜を暗示する、〜の意味を含む
- □ **recruit**：新人、新入生、新参者
- □ **participate in 〜**：〜に参加する
- □ **recruiting fair**：就職説明会

Topic-23
Job Hunting
"What are freeters?"

M Nearly one year ahead of actual employment?

J That's right. Of course, the number of applicants for large, famous companies far exceeds the number of jobs on offer. Those who fail in the primary recruitment continue to search for employment in the secondary recruitment stage or target smaller companies. On October 1, many companies hold ceremonies for their employees-to-be.

M But surely, during their third and fourth years at university, students have to work hard on lots of specialized subjects. Doesn't the recruiting system adversely affect academic studies?

J Well, of course it does! For that reason, some people argue that companies should rethink the present system, but it's become so deeply entrenched it's unlikely to change anytime in the near future.

M With the recent economic downswing, has it become increasingly difficult to find jobs?

J Yes, the employment rate of new university graduates in 2010 was only around 60 per cent.

M Which means there must be loads of *freeters* with university degrees around?

J Unfortunately, yes.

Words and Phrases

- □ **exceed**：～を越える
- □ **primary**：最優先の
- □ ～ **-to-be**：未来の～
- □ **rethink**：再考する

トピック-23
日本の就活事情
「フリーターとは？」

M 実際に雇用されるのより、1年ほども前？

J その通り。もちろん、有名大企業ともなると、応募者の数は求人数をはるかに超えるからね。*3 第一志望の求人に合格できなかった応募者は、第二志望の求人や、もう少し規模の小さな企業を狙って就職活動を継続するんだ。10月1日には、多くの企業で内定式*4 が行われる。

M だけど実際には、3年生と4年生の間、それぞれの専攻についてたくさん勉強することがあるだろ。就職活動が勉学にマイナスの影響を与えないのかねぇ？

J そう、たしかに悪影響はあるね！　そのため、企業側が現在のやり方を再考すべきだと主張する人もいるよ。しかしこのやり方がすっかり定着しているので、すぐに変わるということはまずないだろうね。

M 最近の不景気で、就職はますます難しくなってきているのかな？

J そう。2010年度の大学新卒者の就職率は、たったの60％前後だったよ。

M ということは、大卒のフリーターが大勢いるということだよね？

J 残念ながら、その通りだね。

Words and Phrases

- □ **be entrenched**：（考え・慣例などが）定着している
- □ **downswing**：下降、減少
- □ **employment rate**：就職率
- □ **loads of ～**：大量の～

Columns

4月1日に一斉入社という就職活動のシステムは日本独特です。その詳しいプロセス、ならびに、就職戦線の厳しさについて説明しましょう。

*1 【アルバイトとフリーター】

「アルバイト」は学生が、学業のかたわらに、あるいは、社会人が本業のかたわらに行う内職、あるいはそれを行う人で、バイトとも言う。語源はドイツ語で労働全般を指すArbeitに由来し、家庭教師を行っていた明治時代の学生が「内職」の意味で用いたものが、のちに一般に広まったとされる。一方、非常勤労働のことをパートやパートタイムと呼ぶが、法的にはアルバイトとパートタイムの明確な区別はしておらず、いずれも英語ではpart-time job、それに従事する人をpart-timerと呼ぶ。フリーターは「フリー・アルバイター」の略語として発生した和製語で、その定義はあいまい。実質上はアルバイト、パートに属すことになる。

*2 【高校生の就職活動】

大学生と異なり、高校生向けの求人は、すべて公共職業安定所（ハローワーク）を経由して学校側に掲示され、学校が企業と生徒の仲介をすることになる。7月頃に学校に求人募集が貼り出され、夏休みに募集企業の職場を見学し、就職選考解禁日の9月16日以後、応募を開始する。生徒は希望の就職先に関して学校での書類選考を受け、入社試験、面接などを受け、内定を得ることになる。

*3 【大学生の就職観】

最近のある調査によると、男女ともに「楽しく働きたい」が就職観のトップ、続いて「個人の生活と仕事を両立させたい」となっている。一方で、「人のためになる仕事」や「社会に貢献したい」などが増加傾向にある。

就職先の希望については、依然、大企業志向が強いが、「やりがいのある仕事であれば中堅・中小企業でもよい」と考える学生の割合も増えている。就職したくない企業に関しては、「暗い雰囲気の会社」、続いて「ノルマのきつそうな会社」、「仕事の内容が面白くない会社」という結果が出ている。

*4 【内定と内々定】

内定は労働契約の一種で、法的には「始期付解約権留保付労働契約」と呼ばれる。日本経団連が中心になって定めた新卒者の採用活動に関するガイドライン「倫理章」では、10月1日までは新卒採用者に対して正式な内定を出さないように定められており、それ以前に出される非公式な内定は内々定と呼ばれる。

内定は、たとえば「卒業できなかった」など、あらかじめ取り決めた事由に該当すれば解約できる。学生側からの内定解約は、被雇用者側からの労働契約解除と同じで、一般に責任を問われることはない。一方、企業からの内定解約は、解雇あるいはそれに近いものと考えられ、裁判で争われることも多い。

CD2 18

Useful Expressions

regard A as B：AをBとみなす

同じ意味を出す表現は多く、consider A (to be) B、think A (to be) B、think of A as B、see A as Bなどがあるが、それぞれやや用法が異なるので注意。considerは受け身になるとbe considered as 〜のようにasが使われることもあるが、能動態ではasは避けたほうがよいとされる。

(ex.) Many people regard the cuisine of Osaka as being superior to that of Tokyo.
食については東京よりも大阪が優れていると多くの人が考えています。

regardは名詞で用いて、regard for 〜とすると、「〜に対する配慮」「〜への思いやり」などを意味する。

(ex.) Some foreigners show little regard for Japanese etiquette and manners.
日本式の礼儀作法にほとんど配慮しない外国人もいます。

there's a custom for 〜 to do：〜にはdoする習慣がある

customは「習慣」の意味で、there is 〜に続けることもできるが、「〜がdoする習慣」という意味では、a custom for 〜 to doとする。他に、It is one's custom to do.（doするのはoneの習慣である）、〜 have a [the] custom of doing（〜にはdoする習慣がある）などの形も有用。

(ex.) There's a custom for young babies to be taken to a shrine for a blessing.
新生児を神社へ連れて行って、祝福を受ける習慣があります。

customをtradition（伝統）に置き換えて、there's a tradition for 〜 to doという形も使える。traditionには可算・不可算の使い方があるが、この形では可算名詞として扱う。

(ex.) There's a tradition for the sumo *dohyo* to be purified by a Shinto priest before the start of a tournament.
相撲場所の開催に先立って、神官が土俵を清める伝統儀式があります。

Topic-24

Working women

"Being a housewife is a fully fledged job!"

CD2 19

Dialogue

W I found some interesting statistics : around 50 per cent of Japanese women aged 15 or over are engaged in paid work, but over half are non-regular workers. That suggests it's difficult for women to find full-time employment.

J Well, not exactly. Many women start their working career as full-time workers, but quit their job when they get married. After having children, a lot of them would like to return to work, but it's difficult to find full-time employment again.

W I see. Why do they have to quit when they get married?

J Well, the idea that women should become a housewife when they get married is still strong, and companies often indirectly pressure women to leave their job when they get married.

W That's very conservative compared with what happens in the West, where women regularly take long maternity leave.

J Maybe, yes, but actually women's attitudes are changing. Many young women today regard being a housewife as a kind of ideal lifestyle.

W Really?

J Yes. Statistically, housewives are classified as 'unemployed', but many people say that in fact it's a fully fledged job. One survey reported that a housewife in her 30s was the image of the 'happi-

Words and Phrases

- □ **statistics**：統計
- □ **be engaged in ～**：～に従事している、就いている
- □ **paid work**：賃金労働
- □ **non-regular worker**：非正規雇用者
- □ **full-time employment**：常勤（フルタイム）の仕事
- □ **working career**：職歴
- □ **quit**：～を辞める

トピック-24

専業主婦は職業？

「専業主婦だって、立派な仕事！」

Translation

W 面白い統計を見つけたわ。15歳以上の日本人女性の約50%が賃金労働に就いている[*1]けれど、過半数は非正規雇用者なんだって。女性が正規雇用の仕事[*2]を見つけるのは難しいみたいね。

J そうは言い切れないな。多くの場合、女性は最初、正社員として仕事に就くんだけど、結婚して退職するんだ。子供を産んでから、多くの女性はまた仕事に復帰したいと思うんだけど、再び正社員の仕事を見つけるのが難しいということだね。

W なるほどね。どうして結婚すると仕事を辞めてしまうの？

J そうだなぁ、女性は結婚したら専業主婦[*3]になるべきという考えがまだ根強いし、それに女性が結婚すると、企業側がやんわりと退職を迫ることも少なくないみたい。

W 欧米に比べるとずいぶん保守的だわ。むこうでは女性が長期の出産休暇を取るのが普通よ。

J そうかもしれないけど、実際、女性の考え方も変化してきているんだ。多くの若い女性が、専業主婦を一種の理想的なライフスタイルと捉えているみたい。

W 本当？

J うん。統計的には、専業主婦は「無職」に分類されるけど、多くの人は、専業主婦も実際は立派な仕事だと言っている。ある調査によると、30代の専業主婦が「もっとも幸せな日本人のライフスタ

Words and Phrases

- □ **indirectly**：やんわりと、遠回しに
- □ **pressure ～ to do**：～に圧力をかける
- □ **conservative**：保守的な
- □ **maternity leave**：出産休暇
- □ **attitude**：態度、考え方
- □ **unemployed**：無職の
- □ **fully fledged**：本格的な、一人前の

est Japanese lifestyle'. Another stated that 75 per cent of housewives aged between 25 and 35 are content with their current lifestyle.

W Interesting. Do you think that's related to the economic downturn of recent years?

J It could be, but opinions regarding the division of gender roles have been changing, too. A recent government white paper revealed that one in three women in their 20s supports the traditional idea of husbands working outside and their wives taking care of household matters. That ratio's higher than for any other age bracket.

W I see. So what's the current ratio of housewives among married women?

J Around 40 per cent. But, as I said, a majority say they want to return to work after having children. Of course, many women today go though higher education and have full-time work experience before getting married, so ideals are rather high, especially with those in their 30s.

W They're eager to use their work experience?

J Yes. But there are often age limits on positions being offered and the required working hours make juggling work and childcare difficult, so many end up as part-time workers.

W I also heard there are more househusbands these days.

J That's right. But that's another story!

Words and Phrases

- □ **the division of gender roles**：男女の役割分担
- □ **reveal**：～を暴露する、明らかにする
- □ **household matters**：家のこと、家事
- □ **ratio**：割合

イル像」らしいよ。また、ほかの調査によると、25～35歳までの専業主婦の75%が現状に満足しているという結果が出てるね。

W 面白いわ。それは近年の不況と関係していると思う？

J 可能性はあるね。でも、男女の役割分担に対する意見も変化してきているよ。最近の政府刊行の白書で分かったんだけど、20代女性の3人に1人は、夫は外で働き、妻は家のことを切り盛りするという伝統的な考えを支持しているらしい。この割合は、他のどの年齢層よりも高いんだ。

W なるほどね。で、既婚女性で専業主婦の割合は現在どれくらいなの？

J 40%くらいだね。だけどさっき言ったように、大多数の女性が出産後に再就職したいと希望している[*4]んだ。もちろん、多くの女性が結婚前に高等教育を受けて、フルタイムで働く経験をしているから、理想は割と高くて、特に30代では顕著だね。

W 彼女たちは、働いた経験を生かしたがっているのね？

J そう。だけど募集がかかっているポジションには、たいてい年齢制限があるし、規定の労働時間では仕事と子供の世話を両立することは難しくて、結局、大半がパートタイムの仕事に落ち着いてしまうんだ。

W 最近では、専業主夫も増えているという話も聞いたけど。

J そうだよ。でもそれは別の話だね！

Words and Phrases

- □ **age bracket**：年齢層
- □ **be eager to do**：～したがっている
- □ **juggle A and B**：AとBを両立させる
- □ **end up as ～**：結局～になる

Columns

日本における女性の生き方はよく話題に上ります。結婚・出産したら働かない、という考え方はやはりまだ残っていますし、最近は不景気のせいか、若い女性の間で専業主婦はむしろ憧れとなっているようです。

*1【男女雇用機会均等法】

正式名称は「雇用の分野における男女の均等な機会及び待遇の確保等に関する法律」。この法律の大きな目的は、雇用の分野においての性別差別をなくすことと、妊娠中・出産後の健康の確保を図る等の措置を推進すること。制定当初は「男女差別＝男性優遇、女性冷遇」前提の法律で、男性への差別を禁止する規定がなかったが、2007年改正により男性への差別も禁止された。

*2【正規雇用と非正規雇用】

日本では、雇用者を正規と非正規に分けている。使用者と雇用者の間に継続的な常勤の雇用関係がある形態が正規雇用、それ以外の常勤・非常勤の雇用形態が非正規雇用とされ、非正規雇用者には契約社員、派遣社員、パートなどが含まれる。なお、契約社員は企業と雇用者が直接雇用契約を結ぶが、派遣社員は派遣会社と雇用者が雇用契約を結ぶ点が異なる。これらを英語に訳する場合にはやや注意が必要。英語では、full-time employment で一般に「正規雇用」を意味するが、契約社員や派遣社員はフルタイムであっても非正規雇用者である。また、派遣社員を temporary worker と訳すことが多いが、英語の temporary employment には、日本で言う契約社員やパートの雇用関係も含まれることが多い。

*3【housewife と homemaker】

「専業主婦」（賃金労働に従事せず、家事や育児に専念する主婦）の訳として、英国では a housewife が広く用いられているが、米国では性的に中立な表現として a homemaker が用いられることが多い。

*4【日本の女性の就業率】

日本女性の年齢別就業率を示すグラフは「M字型」になるのが特徴。これは20代前半から多くの女性が就業するものの、30～39歳頃に一度離職し、その後また就業する人口が増えることを示している。厚労省発表のデータで更に詳しく見ていくと、25～34歳の女性のうち、子供がいる世帯（特に6歳未満の子がいる世帯）の女性の就業率はより低くなることがわかる。これに対して、男性の就業率はM字型ではなく台形型を描くことからも、男性ではなく女性が出産・育児のために離職しているであろう現状がうかがえる。今後の少子高齢化に伴い、本格的な労働人口の減少が見込まれるのを受けて、日本政府はM字型カーブの解消を目標に掲げているが、これには家族や企業の協力や理解も不可欠だろう。

CD2 20

Useful Expressions

be engaged in ～：～に従事する

文語表現で、活動などに積極的に「参加する、携わる、従事する」というニュアンスがある。engage は自動詞・他動詞でほぼ同じ意味になるため、engage in ～ = engage oneself in ～ = be engaged in ～の3つの使い方がある。なお、日本語のエンゲージは engage の語義の一つで「婚約させる」の意味があり、He is engaged to her.（彼は彼女と婚約している）のような使い方をする。

(ex.) Thousands of workers are engaged in checking the safety of the Shinkansen lines every night.
数千もの作業員が毎晩、新幹線の安全点検の仕事に従事しています。

英国英語では「～を雇う」という意味もあり、be engaged by ～で「～に雇用される」の意味になる。

(ex.) Many farmers from the snow country are engaged by construction companies during the winter months.
雪国に住む農家の人々の多くは、冬の間、建築会社で働いています。

be classified as ～：～に分類される

classify は文字通り、class（種類）に分けるという意味。classify A as [into] B の形で「A を B として［B に］分類する」の意味になる。受け身は be classified as [into] ～となる。類似表現に、categorize がある。こちらは、category（種類＝class）を動詞化したもので as、into を伴い classify と同じ使い方ができる。

(ex.) Students who keep trying to enter a college or a university are classified as *ronin*—masterless samurai.
短大や大学への入学を目指して再挑戦しつづける学生は、主人がいない侍を意味する言葉を使って、浪人と呼ばれます。

分類する基準を意味するには、be classified by ～（～によって分類される）とする。

(ex.) All the student documents are classified by year of entry.
学生の書類はすべて、入学年ごとに分類されています。

Topic-25

Counselling

"Is the guts theory still alive and well?"

CD2 21

Dialogue

M In the West, it's common for people with personal problems to seek advice from professional counsellors. I get the impression that's less common here.

J That's right. I would say we lag far behind Western countries in terms of providing professional counselling. There are many private qualifications for psychologists, but actually no national licensing system.

M Really? So where do the Japanese go to get help?

J Well, as you know, we tend to be group-oriented, so we're more likely to discuss personal problems with a group member or members. Many Japanese groups, whether related to hobbies, lessons or social activities, are formed not only to achieve a specific goal, but also to seek interpersonal relationships.

M But I hear there's an increasing number of suicides, school truancy cases, and so on. So what do people in real need of professional counselling do?

J Well, the good news is that the situation is slowly improving. More people are visiting specialized institutions, and counselling for schoolchildren by professional clinical psychologists and psychiatrists has started at many schools under the initiative of the Ministry of Education, Culture, Sports, Science and Technology.

Words and Phrases

- ☐ **counselling / counsellor**：カウンセリング／カウンセラー【米語：**counseling / counselor**】
- ☐ **seek**：～を探す、探し求める
- ☐ **lag behind ～**：（競争相手との）距離が開く、遅れを取る
- ☐ **qualification**：資格、証明
- ☐ **psychologist**：心理学者、精神分析医

トピック-25

THE・根性論!

「気合いがあれば、何でもできる?」

Translation

M 西洋では、個人的な問題についてプロのカウンセラーに助言を求めることがよくあるんだけど、日本ではあまりないみたいだね。

J その通りだね。プロのカウンセラー[*1]の普及という点では、日本は欧米諸国に大きく遅れをとっていると言えるね。精神分析医の資格は民間のものはたくさんあるけれど、実は国家資格がないんだ。[*1]

M 本当に? じゃ日本人はどこに助けを求めに行くの?

J 知っていると思うけど、日本人は集団志向があるから、個人的な悩みは集団の仲間に相談することが多いんだ。日本人の集まりの多くは、それが趣味であれ、習い事であれ、または社会活動であれ、特定の目的を果たすためだけでなく、人間的な付き合いを求めることも目的のひとつなんだ。[*2]

M でも最近は、自殺者や不登校のケースなどが増加していると聞くよ。プロのカウンセラーを心底求める人々はどうしているの?

J う〜ん。状況が次第に改善してきているという良い兆しはあるよ。専門施設を訪れる人は増加傾向にあるし、文部科学省が主導して、プロの心理学者や精神分析医による学童徒向けのカウンセリング[*3]が多くの学校でスタートしているしね。

Words and Phrases

- □ **group-oriented**:集団傾向の、集団を尊ぶ
- □ **suicide**:自殺
- □ **truancy**:無断欠席、不登校
- □ **in need of 〜**:〜を必要としている
- □ **psychiatrists**:精神科医、精神分析医
- □ **under the initiative of 〜**:〜の主導の下で

Topic-25
Counselling
"Is the guts theory still alive and well?"

M Well, that sounds promising.

J But there's another reason for the lack of counsellors. There's still a tendency to regard those suffering from psychological problems as being mentally weak. Older Japanese in particular attribute depression to a lack of 'konjo'.

M Ah, I've heard that term. Is it something like 'guts'?

J Yes. Basically it means 'willpower' or 'fighting spirit.' It's often used in business and sports in the sense that success indicates you possess *konjo* and failure indicates you don't.

M Hmm. Is it important in business today?

J I think so, yes. In many business books, it's still emphasized as a key to success.

M But surely proper training and strategy are more important in sports than just a fighting spirit?

J I agree. But until quite recently there was an emphasis on 'konjo-ron'—literally 'the guts theory'. Proponents say guts are essential in business and sports, but opponents say that's a remnant of Japan's military past and it's obsolete. In some past cases, overemphasis on *konjo* harmed some athletes as a result of extremely rigorous training or a lack of medical support. I think today's athletes focus more on sports science and theory. In fact, many of them say they want to 'enjoy' what they're doing. That never used to happen!

Words and Phrases

- □ **promising**：見込みのある、将来が明るい
- □ **attribute A to B**：A を B のせいにする
- □ **depression**：意気消沈、減退、うつ
- □ **willpower**：意志力、自制力

トピック-25

THE・根性論！

「気合いがあれば、何でもできる?」

M ほお、それはいい兆候だね。

J だけど、カウンセラー不足には他にも理由があるんだ。いまだに、心の問題は精神的な弱さが原因だとみなす傾向があってね。年配の日本人は特に、うつ病になる原因は「根性」が足りないからと考えるんだ。

M あ〜、その言葉は聞いたことがあるよ。それって「ガッツ」のようなもの？

J そう。基本的に根性とは「意志力」や「闘争心」の意味。ビジネスやスポーツの場では、根性があれば成功する、失敗するのは根性がないからだ、という意味合いで頻繁に使われるんだ。

M ふむむ。現代のビジネスにおいても根性は重要なのかい？

J そうだと思うよ。多くのビジネス書で、いまだに根性は成功へのカギだと強調されているからね。

M でもスポーツにおいては、単なる闘争心よりも、適切なトレーニングや戦略の方が間違いなく重要じゃない？

J 同感だね。だけど、ごく最近まで「根性論[*4]」が強調されていたんだよ。根性論賛成派は、ビジネスやスポーツにおいて根性は必須だと言うけど、根性論反対派は、根性論は旧日本軍の名残で、時代遅れだとして言ってるね。これまで、根性論を強調しすぎて、過酷なトレーニングや医療サポートの欠如からスポーツ選手を故障させてしまったケースもあったんだ。現在のスポーツ選手たちはもっとスポーツ科学や理論に意識を向けていると思うね。事実、多くの選手が自分たちのやっていることを「楽しみたい」と言うからね。これは今までになかったことだね！

Words and Phrases

- □ **proponent**：賛成派（↔ **opponent**：反対派）
- □ **remnant**：なごり、面影
- □ **obsolete**：すたれた、時代遅れの、役に立たない
- □ **rigorous**：厳格な

Columns

日本ではカウンセリングが次第に認知度を高めていますが、欧米には遠く及びません。その背後には「根性があれば何でもできる」という「根性論」があるのかもしれません。

***1 【日本のカウンセラー】**

生活や一身上の悩みを持つ人と話し合うことを通じて、相談者の問題解決を援助する専門家。発祥地である米国で特に高度に発達している。日本にはカウンセラーに関する民間資格は多数あるが、国家試験が存在しない。そのため、大学などの公的機関が認定する資格（臨床心理士など）や、公的学会などが認定する資格（医療心理士など）の保有者が担当することが多い。最近では需要が高まり、認知度も上がる一方で、偽カウンセリングなどによる消費者被害も多発している。

***2 【グループの目的】**

日本人は様々な活動グループに参加しているが、そのグループの目的を果たすためだけでなく、メンバーとの人間関係を求めて参加することも多い。一方、欧米のグループは目的達成が唯一の目的で、メンバーの間で個人的な人間関係を築くことは稀。目的が達成されればグループは解散し、メンバーは再び顔を合わせることはないのが普通。

***3 【スクールカウンセラー】**

いじめの深刻化や不登校児童生徒の増加を受け、1995年度より文部科学省が「心の専門家」として臨床心理士などをスクールカウンセラーとして全国に配置し始めた。2001年度からは、全国の中学校に計画的に配置することを目標に「スクールカウンセラー活用事業補助」を開始し、各都道府県等がスクールカウンセラーを配置するために必要な経費の補助を行っている。児童生徒の相談内容は、不登校をトップに、いじめ、友人関係、親子関係、学習関係、発達障害、精神疾患など多岐にわたる。さらに近年は学校現場で抱えるストレスから精神性疾患による休職者数も増加しており、教職員のメンタルケアにおいても重要な役割を果たしている。

***4 【根性論】**

もともと「根性」は仏教用語で、仏の教えを受ける者としての資質を指す。転じて、生まれつきの性質、さらに、困難にも負けない強い性質を指すようになった。戦後、不屈の精神があればどんな問題でも解決できるという根性論がスポーツ分野で強調され、漫画「巨人の星」（1966-1971）などのスポ根（努力と根性をテーマにしたスポーツ漫画）が人気となった。一方で、運動中は水を飲んではいけないなど、医学的には全く根拠のない主張もなされ、行き過ぎた根性論が害を及ぼす傾向もあった。最近では、スポーツにおいては近代的な医学知識が行き渡っているが、精神面においては、スポーツに限らず、ビジネスや人生論において根性論は根強く残っている。

CD2 22

Useful Expressions

a key to ～：～の秘訣

key は日本語の「鍵」と似ており、物事の要となるものを指し、「手掛かり」「秘訣」「手段」などを意味する。前置詞には to を用いる。なお、be key to ～のように、key に冠詞が付いていない場合、key は形容詞用法となる。

(ex.) Some sports coaches regard the application of 'bushido' principles as a key to success.
スポーツの指導者には、「武士道」の精神に則ることが成功へのカギだと考える人もいます。

key は名詞の前に置く形容詞としても用いることができ、a key person（要の人物）や the key factor（重大な要素）などの使い方ができる。

(ex.) The key factor in a kendo bout is maintaining your concentration.
剣道の試合で最も重要なのは、集中力を維持することです。

focus on ～：～に集中する

focus は名詞だと「焦点」の意味。自動詞で用いると、focus on ～で「～に焦点を絞る」つまり「～に集中する」の意味になる。他動詞で用いると、focus A on B で「A を B に集中させる」の意味になるが、これを受け身にすると A is focused on B. となり、結果的に、focus on ～と be focused on ～は意味がほぼ同じになる。

(ex.) Bunraku trainees have to focus on operating the puppets' legs for the first few years.
文楽の見習いは最初の数年間、人形の脚の操作に専念します。

名詞で用いる場合、focus of ～で「～の焦点」の意味になる。

(ex.) The main focus of Zen meditation is to focus on nothing.
座禅の中心のねらいは、無心になることです。

Topic-26

Apologies

"The Japanese virtue of apology"

CD2 23

Dialogue

W It seems to me that the Japanese are constantly apologizing, and if you say "Sumimasen" enough times, you'll be forgiven!

J Well, it's not quite that simple. But we do have certain forms of apology that may strike you as odd, such as executives of some company that's been involved in a scandal publicly apologizing in a televised news conference, with lots of low bowing, etc.

W Yes. They often seem to be apologizing for things that are not directly their fault!

J In Japan, making an apology doesn't necessarily mean admitting your wrongdoing.

W So does the apology mean anything?

J When problems occur, people naturally become emotional, which can easily lead to irrational argument, with both parties blaming each other. Making an apology at first has the effect of cooling both parties down and paves the way for establishing a rational settlement. On the other hand, an adamant attitude with no apology might antagonize others; even if you're not the person directly responsible, you might be bashed for your arrogance.

W Surely, that deters people from clarifying where the actual responsibility lies.

Words and Phrases

- □ **apologize**：謝罪する　【名】**apology**：謝罪
- □ **strike ～ as odd**：～に奇怪な印象を与える
- □ **bowing**：お辞儀
- □ **wrongdoing**：過ち、過失行為
- □ **irrational**：理性のない、不合理な
- □ **argument**：争い、論争
- □ **pave the way for ～**：～への道を拓く

トピック-26

謝罪という美徳

「とりあえず、謝っておこう？」

Translation

W 日本人っていつも謝っているように思えるわ。それに「すみません[*1]」をとにかく繰り返せば、許されてしまうのね！

J う〜ん、そんなに単純なものじゃないんだけど。でも外国人に奇妙な印象を与えてしまいそうな謝り方は確かにあるね。たとえば、テレビの記者会見で、スキャンダルに巻き込まれた企業の幹部たちが何度も深々と頭を下げている様子、とか。

W そう。自分たちの直接的な責任じゃないことについて謝罪しているように見えることも多いわ！

J 日本では、謝罪が必ずしも自分の非を認める[*2]ことを意味しないんだよ。

W じゃあ、謝罪には一体何の意味があるの？

J 何か問題が起きたとき、人間は誰でも感情的になるよね。そうすると双方がお互いを非難しあうだけの分別のない争いに発展しやすいだろ。まず最初に謝る事によって、両陣営が冷静になることができ、また、理性的な解決へ至る道を作ることができるわけ。逆に、謝罪もしないような頑固な態度は、周囲を敵に回してしまうかもしれない。自分に直接責任がなくても、傲慢だと叩かれる可能性があるんだ。

W そんなやり方は間違いなく本当の責任の所在を曖昧にしちゃうわね。

Words and Phrases

- □ **rational**：合理的な、論理的な
- □ **settlement**：解決、調停
- □ **adamant**：硬い、頑固な
- □ **antagonize**：〜の反感を買う、〜を敵に回す
- □ **arrogance**：傲慢、尊大
- □ **deter**：（〜するのを）思いとどまらせる、妨げる
- □ **clarify**：明確にする

Topic-26
Apologies
"The Japanese virtue of apology"

J You may be right, but it's sometimes better to avoid clarification and share the responsibility.

W What do you mean?

J One example is when a company receives a customer complaint. The customer service section will first apologize, even if the complaint sounds irrational. That has the effect of calming the customer down, and then both parties can try to cooperate and work out a rational solution. If the company insists too much on its legitimacy, the customer may get more infuriated, and that could lead to an endless confrontation with disastrous results for both sides.

W How about civil court cases? Doesn't an apology put you in a disadvantageous position?

J Well, yes, but at the same time it publicly demonstrates your sincerity, and that can be helpful in settling the case smoothly and avoiding further unnecessary conflict.

W That's an interesting way to view things.

J There's also the idea that no party to a quarrel is completely innocent. In the case of traffic accidents, for example, it's rare for one party to be 100 per cent responsible. In many cases, both parties have to share the responsibilities based on the extent of their lawfulness—or lack of it. Having said that, I've been told it's better never to say "Sumimasen" when you're involved in a traffic accident!

Words and Phrases

- □ **work out**：（問題が）うまくいく、解決する
- □ **legitimacy**：適法、正当
- □ **get infuriated**：激怒した
- □ **confrontation**：対決、直面

トピック-26
謝罪という美徳
「とりあえず、謝っておこう？」

J 君が言う通りかもしれない。だけど、責任の所在をはっきりさせるより責任を共有した方がいいこともあるんだよ。
W どういう意味？
J 一例として、ある会社が顧客からクレーム[*3]を受けたとするよね。顧客の言い分が不条理であっても、まずお客様サービスの部署が謝罪するんだ。そうすれば顧客の気持ちを落ち着かせることができるし、その結果、双方が歩み寄って合理的な解決にこぎつけることもできるだろ。もし企業側が自分たちの正当性を主張しすぎたら、顧客はなおさら激怒するかもしれない。そうなると口論は延々と続いて、双方にとって悲惨な結果になってしまうかもしれない。

W 民事裁判の場合はどうなの？　謝罪したら、不利な立場に追いやられてしまわないの？
J 確かに不利になるよ。でも同時に、謝罪することで、自分の誠実さを公に示すことができるからね。そうしておけば、事件をスムーズに解決して、それ以上の不要な対立を回避する手助けにもなるんだ。
W 面白い観点ね。
J 喧嘩両成敗[*4]という考え方もあるんだ。たとえば交通事故の場合、一方だけが100%責任を負うことはほとんど稀だね。たいていの場合、双方が、それぞれの正当性の範囲内で、あるいは正当性の欠如の程度にしたがって、共同で責任を取るんだ。まあ、そうは言っても、交通事故に巻き込まれた時には「すみません」と絶対に言わない方がいいと言われたけどね！

Words and Phrases

- □ **disadvantageous**：不利な、不利益な
- □ **sincerity**：誠実さ
- □ **conflict**：論争、ケンカ
- □ **lawfulness**：正当性、合法性

Columns

日本人はよく謝る人たちだと言われます。そこには「謝罪」が社会的に果たす役割、ならびに、謝罪の言葉の意味合いに文化的違いがあります。難しい話題ですが、その点を指摘しておくのは重要です。

*1【多義の「すみません」】

日本人は会話の中で、自分の責任でもないのにI'm sorry. と述べることがあり、外国人には不可解に思えるときがある。日本語の「すみません」は英語のI'm sorry. だけでなく、Excuse me. の意味もあることを説明したほうがいいだろう。「すみません」は日本人の人間関係を円滑にするあらゆる場面で用いられているため、つい、Excuse me. と言うべきところをI'm sorry. と述べてしまう人が多い。

*2【「認める」を英語にすると?】

日本語の「認める」は肯定的に「価値を認める」、否定的に「非を認める」のいずれの意味でも用いられるが、英語では前者は主にrecognize、後者は主に、admitやacknowledgeを用いる。日本語の辞書では確かに前者・後者の意味で分けてあるが、そもそも白黒をはっきりさせたがらない日本人にとっては、両者の境目は曖昧なのかもしれない。一方、西洋では、非を認める＝謝罪する＝全責任を負う、という白黒をはっきりさせる傾向がある。必然的に、「非を認める」時に限って用いられる語が生まれたのは不思議ではないだろう。

*3【claimとcomplaint】

日本語では顧客からの苦情をクレームと言う。しかし、英語のclaimは当然の権利としての「主張」「要求」が基本語義で、「苦情」の意味ではcomplaintを使う。日本語のクレームは和製英語で、英語のclaimと違い、ネガティブな意味があるので注意。特に、不当な請求を繰り返す人の意味で、クレーマーや、さらに理不尽な要求をしてくる人をモンスター・クレーマーと述べたりするが、英語のclaimにはこのような意味合いはない。

*4【喧嘩両成敗】

会話のNo party to a quarrel is completely innocent. は「喧嘩両成敗」の意味。喧嘩をした者のどちらに是非があるかを問わず、双方を同罪として処罰すること。古来、日本では、紛争の原因としていずれの側にもそれなりの理があるという観念がある。法としては15世紀に地方で初出し、以後、戦国大名の分国法（戦国大名が領国支配のために施行した独自の法）にも喧嘩両成敗法が導入されたケースがある。後の豊臣政権下でも法として採用され広く定着した。江戸時代には法としては発布されていないものの、「喧嘩両成敗」の紛争処理は習慣的に存続し、近代の裁判所判決にも影響を残しているという指摘もある。

CD2 24

Useful Expressions

pave the way for ～：～の道を拓く

paveは道路などを「舗装する」という意味。転じて、ジャーナリズムでは「～の道を拓く」「～のお膳立てをする」などの意味で用いられる。一方、本来の意味の「～を舗装する」という場合、通常、The road has been paved.（その道路は舗装された）のように受け身で用いられる。

(ex.) The Hawaiian wrestler Takamiyama paved the way for all the foreign *rikishi* in sumo today.
ハワイ出身の力士・高見山は、今日の相撲界で全ての外国人力士たちが活躍できる道を拓きました。

paveの名詞形であるpavementは、英国英語では舗装道路に沿った歩道を意味するが、米国英語ではこれをsidewalkと呼び、pavementは一般に舗装道路を意味する。

(ex.) The lack of pavements along many roads makes it very dangerous for wheelchair users and people with pushchairs.
多くの道路には歩道がないので、車椅子や乳母車の利用者にとってとても危険です。

It's better to do.：doしたほうがよい

人に行為を促すときに使う表現。丁寧な表現にする場合、it would be better to doのようにwouldを用いる。また、to doの前に行為者（意味上の主語）を補ってIt's better for you to do.とすることも多い。なお、had better do（doしたほうがよい）は「doするほうが身のためだ」のような脅迫的なニュアンスがあるため、人に物を勧める場合などには合わない。

(ex.) It's better for the environment to carry around your own chopsticks than use disposable *waribashi*.
使い捨ての割り箸を使うより、自分の箸を持ち歩く方が環境に優しいです。

否定形の「doしないようがよい」はIt's better not to do.の語順になる。

(ex.) It's better not to step on the edges of tatami mats.
畳の縁を踏むのは良くありません。

Topic-27

Tatemae culture

"What's wrong with *honne*?"

CD2 25

Dialogue

M I'd like to ask you about something that non-Japanese have difficulty grasping—why is *tatemae* such an important element of communication?

J I'll do my best to explain. But first tell me what you think about it.

M Well, I think it exists in any culture to some degree—like we have 'white lies'. But because of its use, some foreigners conclude that the Japanese are hypocritical, and often incomprehensible, and even say 'yes' when they mean 'no', or vice versa!

J That's partly why we've often been described as 'inscrutable', I suppose. Basically, we tend to avoid pushing our personal opinions, which could offend others or disrupt harmonious interpersonal relationships. That means many Japanese prefer to agree with others, even when their opinion's actually different. It's more important to build a cooperative atmosphere.

M Our attitude tends to be the opposite: we like to exchange frank opinions, and even a heated argument is a part of communication. In other words, we think it's important to say what we think, but also listen to what others think.

J I think that's just a different type of communication. In Japan, expressing what you really think—*honne*—is regarded as rather

Words and Phrases

- ☐ **grasp**：ギュッとつかむ、把握する
- ☐ **hypocritical**：偽善的な
- ☐ **incomprehensible**：わかりにくい、不可解な
- ☐ **vice versa**：（先行する内容に対して）逆の場合も同じ
- ☐ **inscrutable**：何を考えているかわからない

トピック-27

タテマエ文化

「NOのつもりのYES、YESのつもりのNO…って何？」

Translation

M 日本人でない者にとって、なんとも把握しにくいことについて聞きたいんだけど。タテマエ[*1]がどうしてそれほどコミュニケーションで大切なの？

J 頑張って説明してみるよ。でもまずは、君がタテマエについて、どう思っているかを聞かせて。

M そうだな〜。タテマエは、どんな文化でもある程度は存在するとは思うんだ。西洋の文化で言うwhite lies（儀礼的なお世辞）[*2]のようなものだね。でもタテマエを言うことで、外国人の中には、日本人は偽善的で不可解だと決めつけてしまう人もいるし、ノーという意味でイエスと言ったり[*3]、あるいはその逆の場合もあるとまで言う人もいるね。

J 日本人がしばしば「何を考えているのかわからない」と表現されてしまうのは、そういったこともあるんだろうね。まず、日本人は自分の個人的な意見を押し付けることを避けたがるんだ。他者の気分を害するかもしれないし、円満な人間関係を引き裂いてしまうかもしれないからね。つまり、日本人の多くは、たとえ本当は違う意見を持っていても他人に賛成することを好む、ということなんだ。共感に満ちた雰囲気を醸し出すことこそが、重要だからね。

M 西洋人の考えはその逆であることが多いな。率直に[*4]意見を交換することを好むし、たとえ白熱した論争になっても、それはコミュニケーションの一環だと考えるよ。言い換えれば、自分の考えを述べることも重要だけど、他者の考えを聞くことも重要だと思っているんだ。

J それはコミュニケーションのあり方が違うだけだよ。日本では、本

Words and Phrases

- □ **push**：押し付ける
- □ **offend**：〜を攻撃する
- □ **disrupt**：〜を引き裂く、台無しにする
- □ **opposite**：反対の
- □ **argument**：口論、言い争い

unsophisticated. In fact, we can communicate our *honne* through our *tatemae*—only stating the official stance or what we think will avoid conflict. That's thought to be a more mature form of communication. Can you follow me?

M Maybe, but can you give me an example?

J Sure. When we refuse something, we often say, "That's difficult" or "I'll think about it", instead of clearly saying "No". That's regarded as a polite form of refusal, and any Japanese can understand what it really means.

M I see. But I think you need a lot of experience to understand what people really mean.

J That's true. But, actually, the extent of tatemae differs according to the region. Kyotoites, for example, are known for rarely revealing their *honne*. According to one story, to a guest who lingers too long, they might say, "Would you like some *chazuke* before you leave?", and the guest should immediately understand the implication and reply, "No, thanks. I have to go now". Not everyone does, of course!

M That's interesting. The point seems to be that if both foreigners and Japanese keep in mind both national and regional cultural differences, we can communicate more effectively without causing any conflict.

J I agree—and I mean that!

Words and Phrases

- ☐ **unsophisticated**：無骨な、世慣れていない
- ☐ **conflict**：対立、衝突
- ☐ **mature**：成熟した、大人の
- ☐ **refuse**：～を拒否する、断る

当に思っていること――つまり「ホンネ」――を述べるのは、あまり大人げがないと思われているんだ。実際、日本人は「タテマエ」を通して「ホンネ」を伝えることができるんだ。タテマエ、つまり、公の立場としての発言や考えだけを述べることで、対立を避けることが出来るんだ。そういうやり方が、より成熟した大人のやり方だと考えられているんだ。付いてこれてる？

M たぶん…でも、ちょっと例を出してくれないかな？

J オーケー。日本人が何かを断るとき、はっきりと「ノー」と言う代わりに、「難しいですね」とか「ちょっと考えておきます[*5]」と言うことが多いんだ。このような言い回しが断る際の礼儀正しい表現方法だと考えられていて、日本人なら誰だってこれが本当に意味することがわかるんだ。

M なるほどね。でも相手が本当は何を言いたいのか理解するには、たくさんの経験が必要だよね。

J その通りだね。しかし、実のところ、タテマエの範囲は地域によっても異なるんだよ。たとえば、京都人は滅多にホンネを表さないことで有名でね。ある話によると、いつまでも長居し続ける客人に対して、京都人は「お帰りになる前にぶぶづけ（茶漬け）でもいかがどすか」と言うことがあるとか。そうしたら客側は即座にその言外の意味を察して、「いえ、結構です。もうお暇いたします」と答えるというわけ。もちろん、これが通じない人もいるけどね！

M それは面白いな。重要なのは、外国人側も日本人側も、お互いに国や地域ごとに文化が異なることを心に留めておく、ということなんだろうね。そうすれば、対立を起こすことなく、もっと実のあるコミュニケーションをとることができるよね。

J 同感――あ、これはタテマエじゃなくて！

Words and Phrases

- □ **reveal**：明らかにする、表す
- □ **linger**：居続ける、留まる
- □ **implication**：言外の意味、暗示
- □ **keep in mind**：心にとどめる、心がける

Columns

建前は、日本人のコミュニケーションに欠かせない部分です。外国人が使いこなすのは難しいでしょうが、少なくとも誤解を招かないための説明が必要です。

*1【建前】

表向きの方針を意味する。建前はどの文化圏にも存在するが、日本の場合、使い方や目的が外国人には分かりにくい場合が多い。例に「今度、飲みに行きましょう」がある。親しい間柄では本気の場合もあるが、社交辞令のひとつとして「今後とも親しくしましょう」の意味である場合が多い。そのため、「では、何時にしますか」などと答えると相手を困らせることもあり、「そうしましょう」程度で受け流すことが多い。逆に外国人の間では、日本人をパーティなどに誘うと、断られることが多いという印象があるそうだ。これはお誘いを社交辞令として受け止めて遠慮することが多いためと思われる。

*2【white lies】

儀礼的な嘘を意味する。定義としては「他人の気分を害さない、あるいは問題を引き起こさない、悪意のない嘘」。典型的な例は、"How are you?" "I'm fine, thanks." で、どんなに気分が悪い日でも fine というのが儀礼。その意味では日本人の建前に近いが、日本では人間関係を円滑にするために、これらのようなやり取りが高度に進化したと考えるとよい。

*3【yes と no】

かつて米国のクリントン元大統領が「日本人は no を意味する時に yes と言う」と不平をもらしたことがあった。日本人の「はい」は相手の言うことを聞いている、尊重している、理解している、の意味で、決して同意しているわけではない。頷き（nodding）も然りで、「はい」と同じ意味合いを持ち、会話の中で頻繁に用いるが、他文化では yes や I agree. の意味を持つことが多く、ともに誤解を招きやすい。

*4【frank】

語源は古代ゲルマン系種族のフランク族にある。フランク族が支配したガリアで自由であったのはフランク人だけであったことに由来する。frank や candid は肯定的な意味で、「率直に真実を述べる」ニュアンス。一方、「遠慮もなくずけずけものを言う」というニュアンスでは outspoken が用いられる。

*5【考えておきます】

英語の I'll think about it. は、受容・同意の意味に近い。一方、日本語の「考えておきます」は回答を先送りにするという意味で、通常、拒絶を意味する。英語では先送りにしたい場合に、I'll sleep on it. と言えるが、拒絶の意味はないので、翌日にはしっかり回答しなければならない。

CD2
26

Useful Expressions

prefer to do：do することを好む

like と違って比較の対象があることがポイント。比較の対象は than 〜を加えるが、文脈で比較の対象が明確な場合は省略することも多い。また、「A と B、どちらを好みますか？」と言う場合、Which do you prefer, A or B? と言う。なお、名詞形は preference で、have a preference for 〜で「〜を好む」の意味になる。

(ex.) Many people prefer to commute long distances than pay higher rents.
高い家賃を払うよりは、長距離通勤を選ぶ人が多くいます。

prefer A to B の形にすると「B より A を好む」の意味になる。

(ex.) I much prefer *genmai* to white rice.
私は白米より玄米の方がずっと好きです。

keep 〜 in mind：〜を気に留めておく

bear 〜 in mind とも言う。重要な事柄を忘れないように促す、あるいは、警告するような場面でよく用いられる。keep の目的語が代名詞の場合は、この語順しかできないが、一般名詞の場合は mind の後ろに置くこともでき、that 節や what 節の場合は、必ず keep in mind that 〜 [what 〜] の語順となる。

(ex.) You should always keep in mind the fact that an earthquake can occur at any time of day or night.
昼夜を問わず、いつでも地震は起こりうるということを、常に気に留めておくべきです。

mind を動詞で命令文として用いると「〜を忘れないように」という意味の忠告・指図を示す。that 節や what 節も目的語に取ることができる。

(ex.) Mind the big gap between the train and the platform!
列車とプラットホームの大きな隙間に気をつけてください。

Topic-28

Hospitality

"The spirit of hospitality"

CD2 27

Dialogue

W Whenever I visit a Japanese department store, I'm impressed by the politeness of the staff. You can find excellent service in other countries as well, but somehow in Japan shop assistants and shopkeepers always seem anxious to please customers.

J That's true. It extends to many small individual shops, convenience stores, and even fast food chains. It's thought to be an important part of providing quality service. In fact, businesses produce their own manuals on customer service, including details like the correct use of words and proper behaviour, such as bowing and smiling. They're full of tips on how to build a good relationship with the customer.

W Interesting. Have you ever read one?

J Actually, yes. I remember it included points like "Be a good listener rather than a good talker", "Love the items you're selling", "Help your customers to purchase rather than trying hard to sell", and "Share a pleasant time with your customers".

W All very sensible points.

J Indeed. As you can see, they emphasize the importance of seeing things from the customer's viewpoint.

W Japanese hospitality seems to be a kind of philosophy of life. How did it develop?

Words and Phrases

- □ **anxious to do**：～することを切望する
- □ **proper behaviour**：適切な態度、振る舞い
- □ **bowing**：お辞儀
- □ **tip**：（有益な）ヒント、助言

トピック-28

おもてなしの心

「気配り 目配り 心配り」

Translation

W 日本の百貨店に行くといつも、店員さんの礼儀正しさに感心するわ。他の国でも素晴らしいサービスをしているけど、日本では何か、店主や店員がいつも顧客を満足させようと必死になっているような感じがするの。

J その通りだね。それは小規模の自営店やコンビニ、ファーストフードチェーン[*1]でも同様だね。上質なサービスを提供する上で大切なこととされているから。事実、企業各社は独自の顧客サービスマニュアル[*2]を作っているよ。そこには、正しい言葉遣いや、お辞儀のし方や微笑み方といった適切な振る舞いについて、詳細に記されているんだ。顧客と良好な関係を築くための知恵が満載だよ。

W 面白いわね。読んだことがあるの？

J うん、実は。覚えているものでは、「話し上手よりも聞き上手であれ」、「自社の販売商品を好きになるべし」、「売りつけるのでなく、顧客が購入する手助けをせよ」、それに「顧客と一緒に楽しむべし」なんていう言葉があったね。

W どれも非常に理にかなっているわ。

J まったくだね。要するにどれも、顧客目線で物事を見ようとすることの重要性を強調しているんだ。

W 日本人の接客の心がまえ[*3]は、一種の人生哲学のような感じがするわ。どうしてこうなったのかしら？

Words and Phrases

- □ **emphasize**：強調する
- □ **hospitality**：手厚いもてなし、歓待、もてなしの心
- □ **philosophy of life**：人生哲学

Topic-28
Hospitality
"The spirit of hospitality"

J The spirit of hospitality is called *omotenashi* in Japanese. It's always been important to build and maintain harmonious interpersonal relationships with others, and the concept of *omotenashi* plays a big role in that.

W I remember hearing it in connection with the tea ceremony.

J Ah, yes. The concept is well reflected there. The host conveys hospitable messages to the guests not only through visual and tangible things such as the hanging scroll, the flowers and the utensils, but also through his or her words, facial expressions, and movements.

W There's an expression, isn't there, about every encounter being a once-in-a-lifetime experience that should be treasured?

J Yes, *Ichigo-ichie*. It means the host should give utmost care to the guests and they should appreciate that care fully.

W That's a rather profound concept to keep in mind.

J Yes, I agree. Because the spirit of *omotenashi* is often shown indirectly, as in the tea ceremony, it has had the effect of making Japanese guests more keenly aware of the special efforts being made for their benefit.

W And do you think, in turn, that has made the demand for better customer services in Japan stronger than in other countries?

J Spot on!

Words and Phrases

- ☐ **reflected**：反映された
- ☐ **convey**：（意思・情報を）伝達する、伝える
- ☐ **tangible**：触って分かる、明白な、具体的な
- ☐ **hanging scroll**：掛け軸
- ☐ **utensil**：用具、調理器具
- ☐ **encounter**：めぐり合い、遭遇
- ☐ **once-in-a-lifetime**：一生に一度の、またとない

トピック-28

おもてなしの心

「気配り 目配り 心配り」

J 日本の接客精神は、日本語では「おもてなし*4」と呼ばれているんだ。他人との良好な関係を築き、維持することが昔から重要視されてきたけど、その中で、「おもてなし」の概念は大きな役割を果たしているね。

W その言葉は、茶道にまつわる話の中で聞いたことがあるわ。

J あ〜、そうだね。この概念は茶道の世界によく映し出されているんだ。客を迎える主人は、掛け軸や生花、茶器のような、目に見えたり触れたりするものだけでなく、その言葉や表情、振る舞いをも通して、そのおもてなしの心を客人に伝えるんだ。

W 何か言い回しがあったわよね。ほら、すべての出会いは人生でただ一度のものだから、貴重なものである、といったような。

J ああ、「一期一会*5」ね。主人側は客人に最大限のおもてなしをし、客人側はそれを最大限の感謝をもって受けるべき、という意味だね。

W 心に刻んでおくべきとても含蓄のある概念だわ。

J 同感だよ。茶会に見られるように、おもてなしの精神は間接的に示されることが多いから、客人側も自分たちのためになされた気配りに敏感になるという効果もあったと思うね。

W つまりそのことで、日本では、より良い顧客サービスへの要求が他の国よりも高くなったと考えるわけ？

J まさにその通り！

Words and Phrases

- □ **treasure**：大事にする、心に銘記する
- □ **utmost**：最大限の
- □ **profound**：深遠な、理解が深い、核心を突く
- □ **keenly aware of 〜**：〜を鋭く捉える、築く
- □ **for one's benefit / for the benefit of one**：〜のために
- □ **in turn**：同様に、まわりまわって
- □ **spot on**：完全に正しい

Columns

日本では高級デパートだけでなく、小さな店やコンビニまで、接客の丁寧さが外国人の話題に上ります。その背後にある「おもてなしの心」を説明しましょう。

***1 【バイト敬語】**

最近、コンビニやファミレス、ファーストフード店で若いアルバイトが用いる独特な敬語をバイト敬語という。先輩から後輩へと引き継がれるなかで自然に成立したものと思われるが、表現の是非について議論も多い。「○円からお預かりします」の「から」（正しくは「を」）、「お茶のほうはいくつお持ちしましょうか」の「ほう」（正しくは「は」）、「よろしかったでしょうか」の過去形（正しくは「よろしいでしょうか」）などが代表例で、公式なビジネスシーンでは不可とされている。

***2 【接客マニュアル】**

従業員の接客レベルを高め、サービスレベルを均一化するためのもの。大手外食チェーンや家電販売店などは詳細な接客マニュアルを用意しており、従業員の誰に聞いてもある一定以上の対応を期待することができる。一方で、マニュアルに拘束されて画一的に対応してしまったり、そのような対応に対して顧客の「飽き」が生じるなどの弊害もある。そのため、最近では、顧客の立場に立って、目の前のお客様に対して自分が何をできるか考えさせる内容のものも多い。

***3 【hospitality と hospital】**

「親切なもてなし」「歓待」などの意味で、観光・ホテル業界でよく使われる語。語源は「もてなしのよい」という意味のラテン語 hospitale に由来する。「病院」を意味する hospital も同語源で、「もてなしのよい所」という意味から来ている。

***4 【おもてなし】**

動詞「持て成す」の名詞形。「持て成す」の原義は「モノを持って成し遂げる」にあり、もともと「とりなす」「世話をする」の意味。後に「待遇する」「歓待する」などの意味になった。一方、サービス業界などでは、「表裏なし」という、また別の語源説がよく引用されているが、裏表のない心でお客様をお迎えする、という解釈に基づいている。

***5 【一期一会】**

千利休の弟子であった宗二の著にある「一期に一度の会」という言葉に由来する。千利休が確立した茶道における重要な心得。「一生に一度限りである」という意味で、「人との出会いを一生に一度のものと思い、相手に対し最善を尽くす」気持ちを表したもの。英語では、“Treasure every encounter.”（ひとつひとつの出会いを大切に）などと訳されることが多い。

CD2 28

Useful Expressions

play a ~ role in...：…において～の役割を果たす

role は「役割」の意味。role の前に、big（大きな）、vital（必須の）、important（重要な）、essential(欠かせない）などの役割を説明する形容詞を置くことが多い。また、受け身にした the role played by ～（～が果たした役割）の形も使いやすい。

(ex.) The temperature plays a big role in determining beer sales in the summer.
気温の変化が、夏のビールの売上を大きく左右します。

role は part（役割）とも置き換えできる。

(ex.) The roads and buildings in Tokyo play a big part in creating the 'heat island effect'.
東京の道路やビルが、「都市高温化現象」の大きな原因となっています。

be aware of ～：～に気が付いている

aware は「気が付いている」状態を表す。of の後には名詞や動名詞を持ってくる。節を続ける場合には、be aware that ～となる。似た表現に beware of ～があるが、こちらは beware が動詞で、「～に対して気を付ける」の意味になり、主に、命令形で用いて警告などを促す時に用いられる。

(ex.) Anyone climbing Mt. Fuji should be aware of the terrific winds that blow around it.
富士登山をする人は、山上には強烈な風が吹くことを留意しておくべきです。

aware の名詞形は awareness で、「気付いていること」の意味。気付いている内容を示す時には of ～、about ～、that 節などを伴う。

(ex.) Environmental awareness has become a big issue in Japan in the 21st century.
21 世紀の日本において、環境への意識が大きな関心事となっています。

Topic-29

Pachinko – gambling or hobby?

"To bet or not to bet?"

CD2 29

Dialogue

W Can I ask you about pachinko? I've seen a lot of pachinko parlours, but I've never tried playing it. It's obviously a kind of pinball game, but what's the attraction?

J Well, it's played on vertical machines fitted with electric mechanisms. You control the handle of an automatic shooter that shoots small steel balls, and try to get them into winning holes, like regular pinball. If you succeed, you can get a lot more balls, and if you end up with a bunch of them, they can be exchanged for prizes.

W It sounds like fun. The other day I was talking with some Japanese friends about our hobbies, and one said his was playing pachinko. Can it be called a hobby? Isn't it really a form of gambling?

J Well, it's regarded more as a game than as gambling. To be exact, private gambling is illegal in Japan, so pachinko is not defined as gambling.

W I see. But my friend said he sometimes made a profit.

J Ah, yes. Legally speaking, you can't get cash directly by winning, but only various prizes such as confections, cigarettes or daily necessities. However, the winners can get a 'special prize', which

Words and Phrases

- □ **obviously**：明らかに
- □ **attraction**：魅力
- □ **vertical**：垂直の
- □ **end up with ～**：～に終わる

トピック-29

パチンコはギャンブル？ ゲーム？

「趣味がパチンコって、ふつうなの？」

Translation

W パチンコについて聞いてもいい？　たくさんのパチンコ屋を見かけるけど、私はまだやったことはないわ。ピンボールゲームみたいなもののようだけど、パチンコの魅力って何なの？

J ええっとね…パチンコは、垂直の電動機械[*1]でプレイするんだ。小さい鉄の玉を打つ電動ハンドルを操作して入賞口に入れるゲームで、よくあるピンボールに似ているな。玉をうまく入れると、もっとたくさんの玉が出て、玉をたくさん貯めてゲームを終えると、景品と交換することができるわけ。

W 楽しそう。先日、日本人の友人数名と趣味について話していたときに、その中の一人が、趣味がパチンコをすることだと言っていたの。でもこれって、趣味と言えるのかしら？[*2] 実際はギャンブルじゃないの？

J そうだねぇ…パチンコはギャンブルと言うよりは遊戯として捉えられているね。厳密に言うと、日本では民間の賭博は違法[*3]だから、パチンコはギャンブルとして定義されていないということになるね。

W なるほど。だけど私の友人は、ときどき儲けていると言っていたわよ。

J ああ、そうだね。法律上は、勝っても現金を直接得ることはできなくて、お菓子やたばこ、日用品などの景品しかもらえないんだ。ただし、勝った人は「特殊景品」を手に入れて、それをパチンコ店の外部の店を通してあとで現金化することができる[*4]ようになってる

Words and Phrases

- □ **exchange A for B**：ＡをＢと交換する
- □ **illegal**：違法の
- □ **be defined as ～**：～と定義される
- □ **legally**：法的に

can be exchanged later for cash through a third party outside the parlour.

W Hmm. It sounds like an example of legal double standards!

J Well, sort of. Behind the whole thing is the idea that if there were no means for people to vent their desire for gambling, illegal gambling operated by crime organizations could become rampant. In fact, the regulations on operating pachinko parlours are very strict, so there's no chance for crime organizations to get involved.

W Doesn't it do harm to youngsters?

J Well, you have to be 18 or over to enter a parlour.

W How about players getting addicted to it?

J Pachinko addiction was a kind of social problem until several years ago, but the restrictions on the amount you can win became tighter.

W So, would you say pachinko is now recognized generally as a sound form of entertainment?

J I think so, yes. It's even quite popular among young women these days, and you can see pachinko TV commercials.

W Hmm. TV commercials on gambling? That's another aspect of exotic Japan!

Words and Phrases

- □ **third party**：第三者
- □ **double standards**：ダブルスタンダード、二重基準
- □ **vent**：（情熱、欲望など）を発散させる
- □ **rampant**：蔓延して、広がって
- □ **regulation**：規制

わけ。

W う～ん。法のダブルスタンダードの代表例みたいね！

J ま、そんなとこだね。背景には、ギャンブルに対する欲望を発散させるための手段がまったくないとなると、犯罪組織が運営する違法賭博が蔓延しかねない、という考えがあるんだ。実際、パチンコ店経営に関する規則は非常に厳しくて、犯罪組織が参入する機会は全くないんだ。

W 若者にとって害にはならないの？

J パチンコ店には 18 歳以上でないと入店できないんだ。

W パチンコ中毒になってしまう人は？

J パチンコ中毒は数年前までは社会的問題となっていたけど、勝ちの上限が厳しくなったんだ。[*5]

W ということは、パチンコは今では一般に健全な娯楽の一形態としてとらえられているってわけ？

J うん、そう思うよ。最近では若い女性にもとても人気だし、パチンコのテレビ CM も流れているしね。

W う～ん。ギャンブルのテレビ CM ですって？　変わった日本の一面をまた見つけたわ！

Words and Phrases

- □ **do harm to ～**：～にとって害となる
- □ **addicted to ～**：～にはまって、～の中毒になって
- □ **restriction**：制限
- □ **exotic**：風変りな、珍しい

Columns

駅前や郊外に見られるパチンコ店。遊戯なのかギャンブルなのか外国人には分かりにくいようです。その法的根拠や社会的認知度は面白い話題になりそうです。

*1【パチンコ、パチスロ】

パチンコは米国から伝わったコリントゲームを改良したものとされ、1925年に大阪にパチンコ店が初登場し、戦後全国に広まった。玉の発射装置は手動から連発式・自動式へと進化し、また特定入賞口に入ると、大きな入賞口が一定期間解放され一気に大量の玉が出るフィーバー式などへと発展した。なおパチンコの発展形として、スロット形式でメダルを使って遊ぶパチスロがあり、パチンコよりもギャンブル性が高い。

*2【hobby と gambling】

hobbyとは切手収集や園芸などの道楽を意味するが、英語では賭博（gambling）はhobbyには含まれないと考える人が多い。gamblingには酒やたばこのように中毒性があるためhabit（習慣）に含まれるという概念があるようだ。

*3【公営ギャンブル】

日本では、民間のギャンブルは禁止されている。マージャンや花札、ポーカーも金を賭けて行うのは法律違反である。一方、中央官庁が管轄し、地方自治体や特定の特殊法人や財団法人が主催する公営ギャンブルは合法である。公営ギャンブルには、競馬、競輪、競艇、オートレースがあり、広義には宝くじも含まれる。

*4【景品交換所】

パチンコの場合、特殊景品と呼ばれる景品に交換した後、それを景品交換所という第三者を介して換金するため、定義上は遊戯になる。景品交換所は各都道府県の公安委員会に古物商の許可を受けており、パチンコ店がこれを経営することはできない。しかし、特殊景品であれ一般の景品であれ、賭博を禁じる刑法185条が述べる「金品」に該当するため、その違法性を唱える声もある。

*5【1円パチンコ】

パチンコのギャンブル性が高くなったことで、パチンコ中毒が増加し、また、親が幼児を駐車場の車に放置してパチンコに熱中し、幼児を死亡させるなどの事件が相次ぐなどの社会問題を受け、2004年の風営法施行規則改定で出玉制限が厳しくなった。同時に客離れが生じ、多くのパチンコ店が倒産した。その後、ギャンブル性が低い（玉1個の交換価格が低いなど:たとえば以前の1個4円に対し、1円など）遊戯機種の増加によって、遊戯としての健全化を強調するようになった。現在ではテレビによるCMも多数流されており、社会的な容認の度合いも高くなっているように見受けられる。

CD2 30

Useful Expressions

more A than B：B というより A

この more は副詞の用法で、rather と置き換えができる。A と B には形容詞や副詞を持ってくる。類似表現に、not so much as A than B があるが、こちらは、「A というよりむしろ B」と、意味上は A と B が逆になるので注意。

(ex.) These days, TV is regarded much more as a means of entertainment than as an educational tool.
近頃、テレビという媒体は、教育のための道具というより、娯楽の一つとみなされています。

やや変形させて、A means more to B than to C.（A の意義は、C よりも、B にとって大きい）という表現も役に立つ。

(ex.) The Obon holidays mean much more to Japanese people than they do to foreigners.
お盆休暇は、外国人よりも日本人にとってより深い意義があります。

be recognized as ～：～として認識されている

recognize は「～を認知する」「～を認識する」などの意味で、be recognized as ～は、物事が社会的に認知されている場合などによく用いられる。一方、関係代名詞の what と絡めて、A is B.（A は B である）に挿入する形で A is what we recognize as B.（A は私たちが B と認識するものである）とする用法も便利。

(ex.) Judo is now widely recognized as a sport rather than a form of mental and physical training.
柔道は今や、精神修養や肉体的な鍛錬の手段というよりも、一スポーツとして広く認識されています。

また、有名人などの顔が広く知られているというような文脈でも用いられる。

(ex.) She appears a lot on Japanese TV programmes, so she's recognized wherever she goes.
彼女は日本のテレビ番組にたくさん登場しているので、行く先々で誰にも知られています。

Topic-30

Kawaii!

"Cute culture has gone global."

CD2 31

Dialogue

W Do you know a good place to get some *kawaii* clothes and accessories?

J Oh, are you into cosplay?

W No! My young niece asked me to send her some.

J Well, I'm not the best person to ask, but I think Akihabara and Harajuku are the best places. I heard that *kawaii*, or 'cute' culture, is getting popular overseas.

W Yes. In other cultures, *kawaii* mainly refers to cute anime characters and cosplay fashion items. How about in Japan?

J Originally, it referred affectionately to anything small and immature, like a baby or a kitten. But its meaning has broadened to refer to items or people you can identify with, even superiors or seniors.

W As in "He's a cute old guy!"?

J Precisely.

W Is *kawaii* culture a new phenomenon, or a part of traditional Japanese culture?

J *Kawaii* character goods became popular in the 1970s, and the concept quickly spread to other fields, but I think it has its roots in traditional culture. Kimono and obi sash designs, motifs on craft items, dolls and *wagashi* confections are all forerunners of today's fashion. For example, *kawaii* ornaments for mobile phone straps resemble the netsuke toggles used in the Edo period

Words and Phrases

- ☐ **affectionately**：愛情をこめて
- ☐ **immature**：未成熟な、未発達な
- ☐ **broaden**：（範囲などが）拡大する
- ☐ **superior**：目上の人

トピック-30

カワイイ！

「カワイイは世界共通！」

Translation

W どこか、「カワイイ」服やアクセサリーが手に入る場所を知ってる？

J おやおや、コスプレ[*1]にでもはまってるの？

W 違うわよ！　姪が、いくつか送ってほしいって頼んできたの。

J だったら僕に聞かないほうが…。でも、秋葉原や原宿がいいんじゃないかと思うよ。「カワイイ」文化は海外でも人気が高まっている[*2]って聞いたな。

W ええ。他の文化圏では、「カワイイ」は主に、キュートなアニメのキャラクターやコスプレファッション用の小物のことなの。日本ではどうなの？

J もともと「カワイイ」という言葉は、赤ちゃんや子猫のように、小さくて未発達なもの全般に対して親しみを込めた言葉だったんだ。[*3]だけどその意味は広がって、とにかくかわいいと思う物や人を指す言葉になってきているね。目上の人やお年寄りだって、そう言われることがあるよ。

W 「あのおじいちゃんカワイイ！」とか？

J そうそう。

W 「カワイイ」文化って新しい現象？　それとも日本の伝統文化の一部なのかしら？

J 「カワイイ」キャラクターグッズは1970年代に人気が出始めて、そのコンセプトはすぐに他の業界にも広がったんだ。だけど僕自身は、ルーツは伝統文化にあると思っている。着物や帯のデザイン、工芸品のモチーフ、人形や和菓子などのお菓子はすべて、今日のファッションの原型だよ。たとえば、携帯電話ストラップのカワイイ飾り

Words and Phrases

- ☐ **senior**：年上の人
- ☐ **forerunner**：先人、先駆け
- ☐ **ornament**：飾り、装飾品
- ☐ **toggle**：留め具

to secure an inro medicine box or a tobacco pouch to the obi.

W I see what you mean. But is *kawaii* still associated with immaturity or naivety?

J Not necessarily. Japanese society has many restrictions, rules and customs, and it's characterized by strong vertical interpersonal relationships. In a sense, there's a lack of personal freedom, and deviation from rules and the hierarchy may be regarded as antisocial. But *kawaii* is a kind of deviation that doesn't threaten society. It's not unlike the concept of the *iki* sophisticated lifestyle that developed under the strict Tokugawa rule.

W That's an interesting point of view. I've seen *kawaii* character designs used for warnings on train doors. They may be targeted at kids, but maybe anyone can feel more affinity with a message presented softly like that.

J I agree. I think *kawaii* plays a role in maintaining harmonious relationships. Of course, wearing *kawaii* character designs draws attention, so it's also a means of communication.

W How do you think *kawaii* will evolve?

J It has potential for adding value. For example, planes and trains painted with *kawaii* character designs attract more passengers, and the related goods are popular with children and grownups.

W Thank you. I'll head for Harajuku right away!

Words and Phrases

- ☐ **secure A to B**：AをBに固定する
- ☐ **immaturity**：未成熟さ、子供っぽさ
- ☐ **naivety**：無邪気さ、純朴さ
- ☐ **vertical interpersonal relationships**：縦の対人関係
- ☐ **deviation from ～**：～からの逸脱、はみ出すこと

は、江戸時代に使われていた印籠や煙草入れを帯に固定するための「根付」に似ているね。

W なるほどね。でも、「カワイイ」は未熟さや無邪気さと今でも結び付いているのかしら？

J 必ずしもそうではないな。日本の社会には制約や規則や習慣が多く、また、強力なタテの人間関係が存在することが特徴で、それはある意味、個人の自由が少なく、規則やそのタテ関係からはみ出す行為は反社会的と見なされてしまうということでもあるんだ。だけど「カワイイ」は、言わば、社会を脅かすことのない逸脱行為なんだ。厳しい江戸幕府の統制のもとで生まれた「粋」という洗練されたライフスタイル[*4]の概念と似たところがあるね。

W 面白い視点だわ。私も、電車のドアに貼ってある注意書きに「カワイイ」キャラクターが使われているのを見たことがあるわ。子どもを対象にしているのかもしれないけど、あんな感じで優しくメッセージを伝えられたら、だれでも親しみを感じるわね。

J 同感だね。「カワイイ」は、円満な人間関係を保つ役割をしているんだと思うよ。もちろん、「カワイイ」キャラクターの服を着ていれば人目を引くから、コミュニケーションの手段にもなるね。

W 「カワイイ」はどのように進化していくと思う？[*5]

J 付加価値を高める可能性があるね。たとえば、かわいいキャラクターが描かれた飛行機や電車は、より多くの乗客を取り込めるし、関連商品も、子供だけでなく大人にも人気だからね。

W ありがとう。いますぐ原宿に向かうわ！

Words and Phrases

- □ **hierarchy**：階層
- □ **anti-social**：反社会的な
- □ **harmonious**：円満な
- □ **evolve**：発達する

Columns

「カワイイ」は cute culture などと訳されますが、kawaii だけでも十分に通じるほど世界に浸透してきました。日本人が持つ kawaii の感覚の、独特な側面を説明しましょう。

*1【和製英語の cosplay】

costume play を略した和製英語だが、外国でも既に使われるようになっている。同じように、animation を略した anime も外国の animation と区別して「日本製のアニメーション」という意味で使われるようになっている。

*2【kawaii の普及レベル】

ここ 10 年間インターネットの普及とともに、アニメやマンガのキャラクターで飾られた装飾品やコスプレの流行、さらには美術やファッションの分野でも、諸外国でカワイイ文化が浸透しつつある。ロンドンのある夕刊は、カップケーキを食べたり、YouTube でカワイイ動物を眺めたりすることで子供に戻りたがる成人に言及しながら、カワイイ文化が英国の首都をとりこにし始めていると主張した。一方で、カワイイ系の意匠は英国ではまだ飾りとして用いられている段階で、振舞いや考え方などの内面的な部分までは浸透してはいないという専門家の意見もある。

*3【カワイイの語源】

「かわいい」は「かわゆし」が変化したもので、元々は「きまりがわるい」、「(まともに見ていられないほど) あわれな」などを含意する「かわはゆし (顔映)」が変化したものとされる。その経緯から「放っておけない」「大切にしたい」「愛らしい」「小さくて美しい」などの様々なニュアンスを含んでいる。

*4【粋の概念】

江戸時代は台頭する庶民の経済力を抑制するため、奢侈禁止令の類が繰り返し出された。庶民はこれらに屈する姿勢を見せつつも、禁止令の範囲内で、様々な工夫を凝らし控え目ではあるが、非常に凝った贅沢やお洒落を楽しんだ。そのような洗練された気風、容姿、身なりなどを指して粋と称される。

*5【カワイイの未来】

日本におけるカワイイ現象は 1970 年代に始まり、サンリオのハローキティー関連製品に代表される。当初は子供向けの小物が中心だったが、現在では化粧品や生活雑貨だけでなく、インテリアや家電などでもコラボしており、大人も含めた幅広い層に人気。関連商品でないものを探すのが難しいくらいである。2006 年には、大相撲小結・稀勢の里にハローキティをデザインした化粧廻しが贈られた。カワイイは当初の役割をはるかに超えた存在となってきていると言えるかもしれない。

CD2 32

Useful Expressions

be associated with 〜：〜と関連付けられる

associate は social（社会の）から派生した語で、お互いに結び付けるという基本ニュアンスがある。associate A with B で「A を B と関連付ける」の意味になり、受け身の be associated with 〜とともによく用いられる。類似表現に be connected with [to] 〜がある。

(ex.) Sweet *wagashi* confections are closely associated with the tea ceremony.
和菓子は、茶道と密接に結びついています。

名詞形の association は「団体」や「組合」の意味を持ち、in association with 〜とすると「〜と協力して」という意味を出す。

(ex.) The *taiko* drummers held a charity event in association with the local neighbourhood association.
太鼓の演奏家たちが、自治会と共催でチャリティイベントを行いました。

feel an affinity with 〜：〜に親しみを感じる

affinity は「親近感」や「好み」などを意味する。affinity は an を伴い単数で用いる。前置詞には with の他、for や to も用いられる。動詞には feel の他、have も一般的。

(ex.) Many Japanese feel an affinity with the United Kingdom, another small island country.
多くの日本人が、同じ小さな島国として英国に親近感を持っています。

また、an affinity between A and B として「A と B の類似点」という意味で用いることもできる。

(ex.) There's a strong affinity between the structure of the Nihon Sumo Kyokai and the college system of Oxford and Cambridge Universities.
日本相撲協会は、オックスフォード大学やケンブリッジ大学のカレッジ制度と非常によく似たところがあります。

■著　者　江口　裕之（えぐち・ひろゆき）

長崎県出身。国立北九州高専化学工学科卒。CEL 英語ソリューションズ最高教育責任者。プロのミュージシャンとして東京を拠点に演奏活動を展開後、通訳・翻訳家として活躍。1989 年からは通訳案内士の育成に携わる。2001 年、東京に CEL 英語ソリューションズを設立。「本物の英語力」の習得を目指した英語教育を実践中。2009 年からはアットキン氏とともに NHK 教育テレビ「トラッドジャパン」の講師も務める。著書に『新・英語で語る日本事情』（共著、The Japan Times）、『トラッドジャパンのこころ』『NHK トラッドジャパン BOOK　ふるさとジャパン Vol.1,2』（ともに共著、NHK 出版）、『日本まるごと英単語帳』（NHK 出版）などがある。

■著　者　ステュウット　ヴァーナム - アットキン（Stuart Varnam-Atkin）

英国出身。オックスフォード大卒。在日 40 年。劇団主宰を経て、ナレーション、翻訳、通訳などが業務のバーミンガム・ブレーンズ・トラスト（BBT）を 1991 年に設立。NHK ワールドテレビの「ビギンジャパノロジー」や外務省のビデオ情報誌「ジャパン・ビデオ・トピックス」のナレーター、大相撲英語放送ではゲスト解説を務めるほか、NHK 教育テレビ「トラッドジャパン」では江口裕之氏とともに講師を務める。明治大学では演劇を教え、2011 年より放送大学客員教授。翻案に『源氏物語 夕顔』（IBC パブリッシング）、共著に『ニッポン風物詩』（IBC パブリッシング）、共訳にバイリンガル漫画『あさきゆめみし』（講談社インターナショナル）などがある。

■デザイン　永松大剛（BUFFALO.GYM）
■編集協力　豊崎洋子
■DTP　朋映アート
■CD編集　爽美録音
■ナレーション　Emma Howard/ Steven Ashton/ Stuart Varnam-Atkin

英語で伝えたい　ふつうの日本

2011 年 11 月 9 日　第 1 刷

著　者　江口裕之、ステュウット・ヴァーナム - アットキン
発行者　吉田嘉明
発行所　株式会社 DHC
〒 106-0041　東京都港区麻布台 1-5-7
03-3585-1451（営業）
03-3585-1581（編集）
03-5572-7752（FAX）
振替　00160-6-716500
印刷所　株式会社ルナテック

ISBN978-4-88724-519-8 C0082